山西省哲学社会科学规划课题(2021YJ131)资助出版

休假排队系统中的顾客行为研究

马庆庆 著

WUHAN UNIVERSITY PRESS
武汉大学出版社

图书在版编目(CIP)数据

休假排队系统中的顾客行为研究/马庆庆著.—武汉：武汉大学出版社,2024.3(2024.12 重印)

ISBN 978-7-307-24027-8

Ⅰ.休… Ⅱ.马… Ⅲ.排队系统—消费心理学 Ⅳ.F713.55

中国国家版本馆 CIP 数据核字(2023)第 190089 号

责任编辑:陈 红 责任校对:汪欣怡 版式设计:韩闻锦

出版发行：**武汉大学出版社** (430072 武昌 珞珈山)

(电子邮箱: cbs22@ whu.edu.cn 网址: www.wdp.com.cn)

印刷:湖北云景数字印刷有限公司

开本:720×1000 1/16 印张:10.25 字数:165 千字 插页:1

版次:2024 年 3 月第 1 版 2024 年 12 月第 2 次印刷

ISBN 978-7-307-24027-8 定价:48.00 元

前　　言

　　休假与工作休假策略在柔性制造、呼叫中心和计算机通信网络等领域中有强大的应用背景，过去的几十年间，学者们对休假与工作休假排队模型展开了深入研究。在这些研究中，往往假设只有当服务台的休假完成后，服务台才会开始正常工作。但是在实际中，突发事件难以避免，为了及时应对这些突发事件，服务台会立刻终止休假并恢复正常工作。本书从经济学角度出发，研究休假与休假中断排队系统中的完全理性顾客和有限理性顾客的均衡策略和社会福利。为了描述决策过程中顾客对服务的需求和对排队等待的厌恶，将"收益-成本"结构引入排队系统。根据顾客来到系统时是否知道服务台状态和系统中顾客数的情况，分完全可见、几乎可见、几乎不可见和完全不可见四种不同信息水平展开研究。本书的主要研究工作有以下几个方面：

　　首先，研究了 N- 策略工作休假排队系统中的顾客均衡策略和社会最优策略。在此排队系统中，系统一旦为空，服务台就开始工作休假并以较低的服务率工作；只有当系统中的顾客数达到 N 时，服务台才会恢复正常工作。在不同信息水平下，得到了顾客的均衡策略，并通过数值算例，分析了系统的各个参数对社会最优策略和社会最优收益的影响。数值结果表明，降低转换门限 N 或增大工作休假期间的服务率有助于提高社会最优收益。

　　其次，研究了工作休假和伯努利休假中断的马尔可夫工作休假排队系统中的顾客均衡策略和社会最优策略。在此系统中，系统为空后，服务台开始工作休假并以较低的服务率工作；在工作休假期间，在一次服务完成的瞬间，若系统中有顾客在等待，服务台可以概率 $p(0 < p < 1)$ 继续以较低的服务率为顾客提供服务，也可以概率 $1-p$ 切换到正常工作状态并以正常工作服务率为顾客提供服务。服务台一旦切

1

换到正常工作状态，将会以正常工作服务率为顾客服务直到系统再次为空。在不同信息水平下，求得了顾客的均衡策略，并通过数值算例分析了系统的各个参数对顾客均衡策略、社会最优策略及社会最优收益的影响。数值结果表明，提高低速服务率，或者向顾客提供更多的系统信息可以提高社会最优收益。

再次，研究了 N- 策略休假排队系统中异质信息顾客的均衡策略和社会最优策略。由于来到排队系统寻求服务的顾客之间获得系统信息能力的差异，并不是每个顾客在来到时都能获得所有系统信息。系统中同时存在两类顾客，第一类顾客有全部系统信息，加入系统前知道服务台的状态和系统中的顾客数；第二类顾客在加入系统前，或者只知道服务台状态，或者只知道系统中的顾客数，或者既不知道服务台的状态也不知道系统中的顾客数。通过数值算例，分析了系统中各个参数对两类顾客的均衡策略、社会最优策略和社会最优收益的影响。数值结果表明，当系统中有两类顾客时，降低转换门限 N，或者提高系统中第一类顾客的比例，可以提高最优社会福利。

最后，在多重休假 $M/M/1$ 排队系统中，研究了有限理性顾客的均衡策略、机构利润和社会福利。在实际中，由于信息稀缺性和服务系统的不确定性以及顾客对等待时间和服务价值认知能力的有限性，往往不能准确估计接受服务后的预期效用，所做出的决策与经济学家假设的标准理性模型相去甚远。顾客的有限理性行为因素会影响其在平衡点处的选择，进而影响利润最大化的定价策略和社会福利。理论分析表明，有限理性顾客的均衡策略存在且唯一；存在唯一最优价格，使得机构利润最大化；当顾客完全有限理性时，社会福利收敛至一个固定值，而机构利润是价格 p 的增函数，服务机构可以提高服务价格，从而获取更高利润；顾客均衡策略、机构利润和社会福利是休假时间参数的增函数，说明随着休假时间缩短，顾客更愿意加入系统，机构可以获得更多利润，社会福利也会提高。此外，在完全不可见情况下，机构最优利润关于顾客有限理性水平的变化规律与顾客均衡策略关于顾客有限理性水平的变化规律一致；社会福利关于顾客有限理性水平的变化规律依赖服务价格，是顾客有限理性水平的单峰函数；存在一个固定有限理性水平，使得机构利润和社会福利同时最大化。

由于作者水平所限，书中难免有不当之处，欢迎读者批评指正。

目　　录

第1章 绪 论

1.1 研 究 背 景

服务业作为当前我国经济第一大产业，已成为国民经济发展的主动力和新引擎。"中国正在步入服务经济时代"逐渐成为社会各界的共识。根据国家统计局发布的国民经济初步核算数据，2021年服务业增加值609680亿元，占GDP的比重为53.3%，对经济增长的贡献率为54.9%，拉动国内生产总值增长4.5个百分点，分别高出第二产业13.9、16.5和1.4个百分点。随着经济运行持续稳定恢复，服务业发展前景广阔，将在构建新发展格局、推动经济高质量发展的进程中发挥更为重要的支撑和引领作用①。如何切实转换发展方式，不断提升服务业竞争力，以更加积极有效地发挥服务业的各种功能，是"十四五"时期中国服务业发展的关键突破点（夏杰长，2020）。

在服务企业运营中，由于短时间内服务需求波动和服务供给有限，排队现象时有发生，排队是服务运营不可或缺的一部分。据估计，人一生中在队列中等待的平均时间超过两年（Rushin，2007），排队等待产生的成本不容小觑。因此，为了充分合理利用有限的服务资源，同时保证服务时效，降低等待成本，提升顾客满意度和社会福利，从而促进服务业高质量发展，有必要研究排队服务系统中的顾客行为。

在管理实践中，当排队服务系统中顾客较少时，服务台或者服务员会停止工作，做一些维护工作或者直接休息，称之为排队系统中的"休假"（Levy 和 Yechiali，

---

① http://www.ce.cn/xwzx/gnsz/gdxw/202201/18/t20220118_37264984.shtml.

1975)。休假排队机制的引入，有利于减少资源损耗，降低系统成本。随着经济的快速发展，生活节奏越来越快，人们对服务的时效性要求也越来越高。因此，为了保证服务时效，服务台在休假期间往往会保留部分服务能力，以较低的速率提供服务，而不是完全停止工作，这种策略被称为"工作休假"(Servi 和 Finn，2002；李继红，2008，2016)。另外，考虑到服务系统中经常有突发事件发生，服务台不得不暂停休假，提前回到正常工作状态，学者提出了休假中断的概念(Li 和 Tian，2007)。

排队系统中，顾客是否加入系统接受服务的决策由服务后获得的收益和等待成本共同决定。若顾客在接受服务前可以准确预估服务后收益，称其为"完全理性顾客"；否则，称其为"有限理性"顾客。本书构建了带有多种服务机制的排队经济学模型，基于线性"收益-成本"结构和离散选择模型，从顾客最优和社会福利最优角度，研究排队服务系统中的顾客最优决策和社会最优决策。研究成果丰富了排队系统的理论研究，使得排队理论更加符合实际中排队服务系统的运行。

1.2 研 究 意 义

1.2.1 理论意义

(1)丰富服务运营管理领域顾客决策的研究内容

目前，服务运营管理中有关顾客决策的研究已经取得一定成果，相关研究成果在一定程度上可以指导实际中服务系统的运行。同时，排队服务系统中工作休假、休假中断、异质信息顾客以及顾客有限理性的引入将更加符合实际中服务系统的运行，本书的研究为丰富服务运营管理中顾客行为的理论研究做出了贡献。

(2)拓展排队经济学的研究边界

本书基于"收益-成本"结构，在休假、工作休假、休假中断等排队服务系统中考虑异质信息顾客、有限理性顾客的策略性行为，研究不同系统参数对顾客决策和社会福利的影响，拓展了排队经济学理论研究。

(3)深化完善顾客决策研究

本项目以顾客和社会管理者利益最大化为切入点，在休假、工作休假和休假中断等排队服务系统中展开研究，深入剖析不同系统参数对顾客决策的影响，深化了顾客决策的相关研究。

1.2.2 实践意义

（1）为消费者策略行为提供决策依据

通过分析顾客的策略行为，全面剖析排队服务系统参数对顾客策略行为的影响，从而指导消费者高效地做出满意的决策。

（2）为服务企业高质量发展提供决策建议

服务企业能够高质量发展的关键在于适时地整合内外生产要素以实现资源的优化配置，保持市场份额扩大和盈利增长。研究顾客决策可以帮助企业结合自身实际情况制定合理的服务决策，使企业运营处于最优状态，获得最大利润，实现服务企业的高质量发展。

（3）为实现社会福利最优提供决策参考

本书从社会全局角度出发研究顾客决策，为社会管理者实现资源合理配置、制定市场公平高效的政策提供决策参考。

1.3　相关研究现状

排队服务系统中的顾客策略行为研究可以追溯到 Naor（1969）以及 Edelson 和 Hildebrand（1975），他们将顾客净收益定义为服务收益减去期望延迟成本和支付费用，并定义了顾客的决策逻辑，即当顾客的净收益大于零时，顾客进入系统接受服务，否则离开。之后，学者们对排队系统中的顾客行为做了大量研究，主要集中于顾客决策时可以准确估计净收益的完全理性行为，相关研究可见 Hassin 和 Haviv（2003），Hassin（2016）和王金亭（2016）的著作。下面结合本书的研究内容，对排队论研究的历史及现状进行分类介绍。

1.3.1 经典休假排队系统中的顾客决策

休假排队的概念最初产生于 20 世纪 70 年代，Levy 和 Yechiali（1975）从有效利用系统闲期的观点出发，引入了"休假"和"休假策略"等术语，研究了 $M/G/1$ 型休假排队系统。休假排队系统在计算机系统、通信网络中有十分广泛的应用，相关研究主要关注排队系统本身的运行指标。直到 21 世纪，学者们才开始关注休假排队系统中"人"的选择。Burnetas 以及 Economou（2007）基于"收益-成本"结构（reward-cost structure），得到了启动时间服从指数分布的 $M/M/1$ 排队系统中的顾客均衡策略，并通过数值算例分析了社会福利。根据顾客在 t 时刻来到系统时系统中顾客数 $N(t)$ 和服务台状态 $I(t)$ 是否可知，创新性地将排队系统分为四种情况：完全可见（fully observable，$N(t)$ 和 $I(t)$ 已知）情况，几乎可见（almost observable，$N(t)$ 已知，$I(t)$ 未知）情况，几乎不可见（almost unobservable，$N(t)$ 未知，$I(t)$ 已知）情况和完全不可见（fully unobservable，$N(t)$ 和 $I(t)$ 都未知）情况。根据系统队长是否可见，将完全可见情况和几乎可见情况称为可见情况，几乎不可见情况和完全不可见情况称为不可见情况，后来学者们将几乎可见情况和几乎不可见情况称为部分可见情况。Sun 和 Tian（2008）研究了多重休假 $M/M/1$ 排队系统中几乎不可见情况下的顾客均衡策略和社会最优策略。Economou 等（2011）研究了服务时间和休假时间服从一般分布的 $M/G/1$ 多重休假排队系统，得到了几乎不可见和完全不可见情况下的顾客均衡策略和社会最优策略。Sun 和 Li（2012）在服务台状态和服务时间分布未知的情况下，研究了多重休假 $M/M/1$ 排队系统中的顾客均衡策略。Sun 等（2013）假设服务时间服从参数未知的指数分布，在完全不可见情况下，基于三种不同等待成本函数，研究了 Sun 和 Li（2012）模型中的顾客均衡策略。Tian 和 Yue（2012）研究了单重休假 $M/M/1$ 排队系统，在部分可见和完全不可见两种情况下，推导出顾客的均衡策略和社会最优福利，并在完全不可见情况下，求得了顾客的最优策略。关于离散休假排队系统中的策略研究，可以参考 Ma 等（2013）的研究，他们研究了多重休假 Geo/Geo/1 排队系统，得到了四种不同信息水平下的顾客均衡策略，并分析了四种不同信息水平下的社会福利。Liu 等（2012）研究了可见情况下连续时间和离散时间单重休假排队系统中的顾客均衡门限策略，Liu 等（2015）研究了多重和单重休假 Geo/Geo/1 排队系统，在不同信息水平下得到了顾客的均衡加入策略，完善了离散时间休假排队系统中顾客策略的研究。

Sun 等（2010）研究了服务台带有启动时间和关闭时间 $M/M/1$ 排队系统，分析了完全可见和几乎可见情况下的顾客均衡加入门限策略和社会最优福利。Sun 等 (2012)研究了类似的模型，在三种不同的启动/关闭策略下，分析了完全不可见情况下的顾客均衡加入门限策略和社会最优福利，并研究了系统的最优定价策略。Yue 等(2014)研究了带启动/关闭时间的 $M/M/1$ 单重休假排队系统，得到了完全可见和完全不可见情况下的顾客均衡止步策略。Chen 和 Zhou(2015)在 Burnetas 和 Economou(2007)的模型中加入服务台损坏与可修，在完全可见、几乎不可见和完全不可见三种情况下研究了顾客的均衡加入门限策略。Zhang 等(2013)研究了具有一般分布启动时间的 $M/G/1$ 排队系统，给出了完全可见和几乎可见情况下计算顾客均衡策略(概率)的递归算法。

在一些包含生产设备的排队系统中，服务台从休假状态转化到正常工作状态(忙期)会有启动成本。为了避免服务台频繁启动带来的花费，Yadin 和 Naor(1963)首次将 N- 策略引入排队系统，基于成本结构研究了排队系统中成本最优化控制问题。在 N- 策略排队模型中，只有当系统中的顾客数达到 $N(N > 1)$ 时，服务台才能转换到正常工作状态。服务台的休假时间依赖于系统中的顾客数，是 N 个顾客来到时间间隔的总和。Guo 和 Hassin(2011)基于"收益-成本"结构，分析了完全不可见和完全可见情况下 N- 策略休假排队中的顾客均衡以及顾客最优来到率，并求出了实现社会最优时最优的转换门限 N。Guo 和 Hassin(2012)考虑了 Guo 和 Hassin(2011)模型中，顾客对延迟的敏感度不同的情况，研究了可见情况下和不可见情况下的顾客均衡策略和社会福利。Guo 和 Li(2013)研究了 Guo 和 Hassin(2011)中可见状态不可见队长情况，分析了顾客均衡与社会最优策略，完善了 Guo 和 Hassin(2011)的模型研究。Tian 等(2017)将 Guo 和 Hassin(2011)的研究推广到服务时间为一般分布的 N- 策略休假排队系统，研究了顾客均衡策略和社会最优策略。Sun 等(2016)将多重工作休假控制策略引入 N- 策略休假排队系统，研究了系统的稳态和顾客的均衡加入策略，以及顾客社会最优加入策略。他们假设当系统为空后，服务台开始休假，休假时间服务指数分布，当一次休假结束，当且仅当系统中有不少于 N 个顾客时，系统才会转化到正常工作状态，否则，系统开始下一次休假。Chen 等(2015)研究了带有启动时间的 $M/M/1$ 休假排队系统，得到了完全可见和完全不可见情况下的顾客均衡策略，并给出一系列系统运行指标。

1.3.2　工作休假排队系统中的顾客决策

在工作休假排队系统中，服务台在休假期间并不会完全停止服务，而是以一个较低的服务率为顾客提供服务（Servi 和 Finn，2002；Liu et al.，2007；李继红，2008；Tian et al.，2009；Li 和 Tian，2016；李继红，2016）。基于"收益-成本"结构，Zhang 等（2013）在四种信息水平下研究了 $M/M/1$ 多重工作休假排队系统，得到了顾客的均衡策略精确解并提供了均衡策略的计算算法。之后，Sun 和 Li（2014）研究了 Zhang 等（2013）中同样的模型，得到了顾客社会最优加入策略，并用数值例子说明相比于社会最优策略，均衡策略使系统拥堵。Sun 等（2014）研究了两阶段马尔可夫工作休假排队模型，在此模型中，当系统为空后，服务台开始两个连续的工作休假，两个休假结束后，服务台进入普通的闲期。Yang 等（2014）考虑了多重工作休假的 Geo/Geo/1 排队，得到了完全可见、完全不可见以及几乎不可见情况下的顾客均衡策略和社会最优策略的精确表达式。Gao 和 Wang（2016）研究了完全可见和几乎可见情况下，带有休假延迟的多重工作休假 Geo/Geo/1 排队系统中的顾客均衡止步策略。Wang 等（2014）研究了单重休假 Geo/Geo/1 排队系统中的顾客策略。

在有工作休假的 N- 策略排队系统研究中，服务台由工作休假向正常工作状态的转换是由工作休假时长和排队系统中的顾客数共同决定的（杨顺利和田乃硕，2007；罗海军和朱翼，2010；Yang 和 Wu，2015）。更多休假排队系统中顾客策略的研究见 Hassin（2016）的专著。

1.3.3　休假中断排队系统中的顾客决策

在工作休假的研究中，通常假设服务台只有一次休假完成，才能回到正常工作状态。但是，在现实生活中突发事件时有发生，正在休假的服务台不得不暂停休假，提前回到正常工作状态。Li 和 Tian（2007）首先提出了休假中断的概念，他们假设在工作休假排队中，在工作休假期间，在一次服务完成的瞬间，若系统非空，服务台转化到正常工作状态，即使工作休假阶段没有结束。之后学者们又将休假中断的概念推广到 GI/Geo/1（Tao et al.，2013），GI/Geo/1（Tao et al.，2013），$M/G/1$（Tao et al.，2011）和 MAP/G/1（Gao 和 Liu，2013）多重工作休假排队系统。

Tian 等（2016）和 Li 等（2016）研究了带休假中断的 $M/M/1$ 多重工作休假排队系

统，Lee(2018)研究了带休假中断的 $M/M/1$ 单重工作休假排队系统，分别得到了不同信息水平下的顾客均衡策略。Liu 和 Wang(2016)研究了带有伯努利机制的多重休假模型，假设在一次服务完成的瞬间，若系统非空，服务台以概率 p 开始一次休假，或者以概率 $1-p$ 为系统中的顾客提供服务，得到了不同信息水平下的顾客均衡策略。Yu 和 Alfa(2016)将休假中断排队模型推广到带有伯努利休假中断的离散时间工作休假排队中，得到了不同信息水平下的顾客均衡策略和社会最优策略。

1.3.4　排队系统中异质信息顾客的决策

顾客在加入系统前获得的系统信息多少会影响顾客的加入意愿。为了简化问题研究，大多数文献假设顾客加入系统前获得的系统信息是相同的，早期的研究见 Naor(1969)、Edelson 和 Hildebrand(1975)和 Hassin(1986)。近年来，Guo 和 Zipkin(2007，2008，2009，2009)研究了提供精确信息时，不同信息精度(没有信息，提供队长信息，精确的等待时间信息)对系统运行的影响。他们发现，由于顾客的耐心程度不同，精确的信息有可能提高或损害社会福利。Allon 和 Bassamboo(2011)研究了向顾客延迟发布系统信息对顾客行为的影响。Cui 和 Veeraraghavan(2016)研究了可见排队中，顾客在加入系统前不知道服务提供者的实际服务参数的情况。顾客基于自己或者他人与服务系统的互动经验对服务参数作出估计，估计结果因人而异，往往与实际服务参数不符，顾客会被估计偏差误导。他们的研究表明，向顾客透露服务信息在特定条件下可以增加服务机构收益，但是会损害顾客收益和社会福利。Debo 和 Veeraraghavan(2014)通过放宽 Naor(1969)模型中关于服务信息的假设，假设顾客不知道服务时间和服务价值，解释了排队系统中的加入概率关于队长的非单调性。Huang 和 Chen(2015)研究了 Edelson 和 Hildebrand(1975)模型中服务率和队长不可知的情况。顾客无法知道或推算加入系统后的期望等待时间，只能根据上一个接受完服务的顾客的经验(等待时间)决定是否加入系统。由于每个顾客到达系统时，在其之前接受完服务的顾客的等待时间不同，因此，每个到达系统的顾客获得的系统信息不同。研究结果表明，与完全理性基准相比，此模型中的顾客对价格不敏感。Guo 等(2011)研究了顾客来到系统后，只可以获得服务时间分布部分信息的情况。基于最大熵原理，他们推断出顾客在系统中的期望逗留时间，得到了排队系统中的顾客策略。研究结果表明，更多服务时间分布的信息可以鼓励顾客加入服务系统。

Hu 等(2017)考虑了一个顾客异质信息的 $M/M/1$ 排队系统，系统中只有一部分顾客可以获得队长信息。获得信息的顾客根据队长信息决定是否加入系统，其加入系统的策略为止步门限策略，同 Naor(1969)；没有信息的顾客根据加入系统的期望等待时间决定是否加入系统，其策略是一个混合策略，即以概率 $q(0 < q < 1)$ 加入系统，以概率 $1 - q$ 不加入。有信息顾客的比例被看作外生变量。没有信息的顾客通过影响队长分布间接影响有信息顾客的策略。研究结果表明，排队系统中存在一定比例没有队长信息的顾客可以提高社会福利。Hassin 和 Roet-Green(2017)也研究了异质信息 $M/M/1$ 排队系统，与 Hu 等(2017)假设系统中有信息的顾客比例为外生变量不同，他们假设顾客来到系统时，系统是完全不可见的，但是顾客可以通过支付一个观测成本获得系统的队长信息。获得队长信息后，系统变为 Naor(1969)研究中的可见情形。因此，顾客来到系统后，有三个选择：不支付观测成本直接加入排队，支付观测成本后根据获得的信息决定是否加入。他们证明了此排队系统中顾客均衡策略的存在性与唯一性，并分析了观测成本对顾客均衡策略和社会福利的影响。Wang 和 Wang(2019)研究了有异质信息顾客的重试排队系统中的顾客均衡策略和异质信息对系统产出和社会福利的影响，得到了社会福利随着有信息顾客比例的增加而增加，并在所有顾客有系统信息时达到最大的结论。

1.3.5 排队系统中有限理性顾客的决策

实际中，由于信息稀缺性和服务系统的不确定性以及顾客对等待时间和服务价值认知能力的有限性，往往不能准确估计接受服务的预期收益，所做出的决策与经济学家假设的标准理性模型相去甚远。有限理性行为的研究可以追溯到 20 世纪 50 年代，Simon(1955，1957)提出了有限理性的概念并论证了有限理性的合理性，指出人在实际决策过程中往往难以或者不可能找到"最优"方案，而是选择一个令自己"满意"的结果。Ariely(2009)甚至认为有限理性才是真正推动人类决策行为的"看不见的手"。目前已有多位学者因消费者行为的研究获得了诺贝尔经济学奖，包括提出前景理论的 Kahneman 教授和提出非理性分析理论框架的 Shiller 教授。近 20 年来，消费者行为在管理科学中也越来越受重视，例如，中国运筹学会已连续十多年举办"行为运筹学与行为运营管理"国际研讨会，邀请海内外学者共同探讨行为运筹学与行为运营管理中的前沿课题。

Ren 和 Huang(2018)综述了服务运营中顾客有限理性行为的研究动态，指出在顾客有限理性假设下，顾客在平衡点处的选择策略以及定价策略与完全理性下相应策略有所不同。本书主要关注 Logit 选择模型和轶事推理模型，相关研究现状如下：

当顾客的认知能力有限时，采用 Logit 选择模型描述顾客的选择行为。Huang 等(2013)首次采用 Logit 选择模型研究排队服务系统中的有限理性行为，他们在顾客对期望等待时间的估计中引入一个随机误差项来表示顾客对等待时间估计的偏差，分析了顾客有限理性对顾客均衡(随机最优反应均衡)、机构利润和社会福利的影响，研究结果表明排队系统中忽略有限理性会导致机构利润和社会福利的重大损失。Li 等(2016)用 Logit 选择模型描述了顾客对接受服务后获得的预期效用存在偏差的情况，研究了双寡头竞争市场的最优定价、质量与服务率之间的权衡，拓展了 Huang 等(2013)的研究。张钰(2018)在与 Li 等(2016)相同的背景假设下研究了重试排队中垄断市场和双寡头市场的最优定价。Li 等(2017a)在 Li 等(2016)的基础上，考虑了服务系统中服务能力可以动态调整，顾客的有限理性水平与历史需求水平相关的情况；Li 等(2017b)考虑了多个服务机构竞争且顾客收益为一般分布的情况，Li 等(2017a，2017b)拓展并完善了 Li 等(2016)的研究。之后，基于 Logit 选择模型，Canbolat(2020)研究了清空排队系统中的定价问题和有限理性水平对系统的影响。

此外，有限理性顾客为了降低决策风险，还可以通过亲朋好友推荐和互联网、社交媒体等收集服务的口碑信息进行辅助决策，即轶事推理。轶事推理框架来源于 Osborne 和 Rubinstein(1998)的 $S(k)$ 均衡，不同于纳什均衡中决策者基于其他决策者行为的信念最优化自身收益，在 $S(k)$ 均衡中，决策者通过对每个策略进行 k 次取样并选择预期收益最高的策略。后来这个均衡概念被广泛应用于市场营销(Huang 和 Yu，2014)和运营管理(Huang 和 Chen，2015；Huang 和 Liu，2015；Huang et al.，2017；Zhang 和 Wang，2017)中。Huang 和 Chen(2015)在顾客不知道系统服务率并且不能准确估计期望等待时间的情况下，采用轶事推理框架描述顾客的决策行为。在队长不可见 $M/M/1$ 排队系统中，他们得到了与完全理性基准下完全相反的结论，即当到达率增大时，利益最大化的服务机构可能提高价格；如果服务提供者可以调整服务能力，其最优价格可能随到达率下降。Huang 和 Chen 的研究基于轶事推理的极端情况，即基于 $S(1)$ 框架，顾客基于一个轶事做决策。在 Ren 等(2018)的研究中，顾客到达时不知道服务质量，并基于任意多个服务质量轶事做决策，即 $S(k)$ 框架做决策，k 值越大，顾客的决策越接近完全理性的情况。Jiang 和 Yang

(2019)和谢光明等(2018)的研究表明，网上口碑信息对消费者的购买决策有重要影响。Huang 等(2019)研究了部分顾客不知道服务系统参数，并依据网上评价信息做出加入还是退出决策的服务系统，他们的研究表明，在服务机构采用周期定价策略下，周期定价策略可以提高服务机构利润，但是不会实现社会最优。

1.4　研究内容和研究方法

1.4.1　研究内容

在已有文献的基础上，构建了带有不同休假机制的排队经济学模型，研究了完全理性顾客和有限理性顾客的均衡策略以及社会福利。其中，顾客均衡策略是纳什均衡策略，在纳什均衡下，没有人能够通过改变自身的策略而谋取更多的利益。社会福利是把顾客和服务提供者看作一个整体，这个整体获得的收益使得社会福利最优的顾客策略就是社会最优策略。根据顾客到达排队系统时是否知道系统中的顾客数和服务台状态，分完全可见、几乎可见、几乎不可见和完全不可见四种信息水平展开研究，具体如下：

(1) N-策略工作休假 $M/M/1$ 排队系统：在此系统中，当系统为空时，服务台开始工作休假，在工作休假期间服务台不会完全停止工作，而是以较低的服务率为顾客服务，当系统中的顾客数达到 N 时，服务台恢复正常工作服务率。基于线性"收益 - 成本"结构，采用均值分析方法，分析了四种信息水平下的顾客策略及社会福利。

(2)伯努利休假中断的 $M/M/1$ 排队系统：在此系统中，当系统为空时，服务台开始工作休假，在工作休假期间服务台以较低的服务率为顾客服务。在工作休假期间，在一次服务完成的瞬间，若系统不为空，服务台可以概率 $p(0 < p < 1)$ 留在工作休假期，或者以概率 $1 - p$ 切换到正常工作状态。采用矩阵几何方法，得到系统稳态分布，基于线性"收益-成本"结构，分析了完全可见，几乎不可见和完全不可见情况下的顾客均衡策略和社会福利。

(3)带有异质信息顾客的 N-策略排队系统：由于每个来到排队系统寻求服务的顾客之间获得系统信息的能力差异，并不是每个顾客在来到时都能获得所有系统信息。在此系统中，同时存在两类顾客，第一类顾客有系统信息，加入系统前知道服务台的状态和系统队长；第二类顾客有部分系统信息或没有系统信息，加入系统前只知道系统队长不知道服务台状态，或者只知道服务台状态不知道系统队长，或者不知道服务台的状态和系统队长。顾客根据已有信息决定是否加入系统。利用马尔可夫过程理论，得到了系统的稳态分布；基于"收益-成本"结构，构建了社会福利函数。最后，通过数值算例，分析了两类顾客的均衡策略、社会最优策略和最优社会福利。

(4)带有有限理性顾客的多重休假 $M/M/1$ 排队系统：在实际中，由于信息稀缺性和服务系统的不确定性，顾客对等待时间和服务价值认知能力的有限性，往往不能准确估计接受服务后的预期效用，所做出的决策与经济学家假设的标准理性模型相去甚远。顾客的有限理性行为因素会影响顾客在平衡点处的选择，进而影响利润最大化的定价策略和社会福利。本部分在多重休假 $M/M/1$ 排队系统中，研究了有限理性顾客的均衡策略、机构利润和社会福利。

1.4.2 研究方法

(1)文献分析法

通过对国内外权威期刊上相关文献进行搜集与整理，梳理最新研究动态，筛选出与研究内容相关的文献资料，提炼出相关理论基础，从而确定研究方向、研究视角、研究思路以及研究方法等。

(2)矩阵几何法、差分方程法

排队服务系统中，顾客是否加入系统接受服务的决策由顾客预期收益和期望等待成本共同决定。顾客的期望等待成本依赖顾客的期望逗留时间，而服务系统的稳态概率是获取顾客期望逗留时间的关键。本书结合拟生灭过程、马尔可夫链、矩阵解析以及均值分析等方法，利用矩阵几何法或差分方程法求解平衡方程，得到排队系统的稳态概率。

(3)数值模拟方法

本书中由于顾客决策的表达式比较复杂，在通过系统参数对顾客决策的敏感性进行分析时，利用数值模拟方法对无法获得精确表达式的结果进行完善，并对能够获得精确表达式的结果进行进一步解释说明。

1.5　研究思路和技术路线

本书主要研究休假排队系统和休假中断排队系统中的顾客策略和社会福利，技术路线如图 1.1 所示。

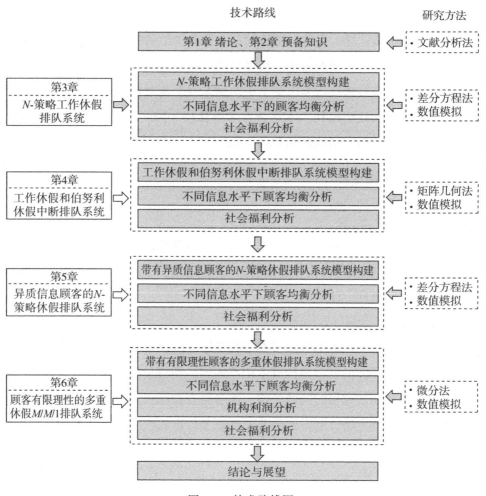

图 1.1　技术路线图

1.6 主要创新点

本书从排队经济学角度出发，研究带有不同休假机制的排队系统中不同信息水平下完全理性顾客和有限理性顾客的均衡策略和社会福利。其主要创新点体现在如下几个方面：

(1)研究视角的创新：本书从服务经济发展需求出发，关注完全理性顾客和有限理性顾客是否加入排队系统的策略行为，研究了带有不同休假机制的排队服务系统中的顾客策略和社会福利，研究成果可以优化服务供给，对实际中的决策问题有较大的指导意义。

(2)模型的创新：考虑到实际中服务台在休假期间完全停止工作会增加休假期到达系统顾客的等待时间的情况，构建了 N-策略工作休假排队模型；考虑到实际中，突发事件时有发生，正在休假的服务台不得不暂停休假，马上投入工作的情况，构建了伯努利休假中断排队模型；考虑到实际中，顾客获取信息的能力存在差异的情况，构建了带有异质信息顾客的 N-策略休假排队模型；考虑到实际中，到达排队系统的顾客在决定是否加入时，很难准确预估服务效用的情况，构建了带有有限理性顾客的多重休假排队模型。这些模型的构建更好地模拟了实际中服务系统的运行，研究结果对实际中的决策问题有较大的指导意义。

(3)研究方法的创新：本书中利用矩阵几何法、差分方程法求解系统的稳态概率分布，为后续顾客均衡策略和社会福利的分析奠定基础；由于异质信息顾客决策的表达式比较复杂，在通过系统参数对顾客决策的敏感性进行分析时，利用粒子群优化算法对无法获得精确表达式的结果进行完善，并对能够获得精确表达式的结果进行进一步解释说明。

第 2 章 预 备 知 识

2.1 博弈论基础知识

博弈是指一些个人、队组或其他组织，面对一定的环境条件，在一定的规则下，同时或先后，一次或多次，从各自允许选择的行为或策略中进行选择并加以实施，各自取得相应结果的过程。博弈论，又称"对策论"，是研究决策主体的行为发生直接相互作用时候的决策以及这种决策的均衡问题(张维迎，2013)。

2.1.1 博弈模型的构成要素

从上述定义中可以看出，规定或定义一个博弈需要四个要素：

(1)博弈的参加者(players)，即博弈中独立决策、独立承担博弈结果的个人或组织，其目的是通过选择策略实现自身效用最大化。博弈方可以是自然人或团体或法人，如企业、国家、地区、社团等。本书中只要在一个博弈中统一决策、统一行动、统一承担结果，不管这个组织有多大，都可以作为博弈中的一个参加方。为统一起见，将博弈中每个独立决策、独立承担博弈结果的个人或组织都称为一个"博弈方"。只有两个博弈方的博弈现象称为"两人博弈"，而多于两个博弈方的博弈称为"多人博弈"。在博弈的规则确定之后，各参加方都是平等的，大家都必须严格按照规则办事。

(2)策略(strategies)，即博弈方在博弈中可以选择采用的行动方案，是参与人在给定信息结构情况下的行动规则，它规定博弈方在什么时候什么情况下采取什么行动。策略是博弈方的行动计划，博弈方可以选择的全部策略构成"策略空间"。在不同博弈中可供博弈参加者选择的策略或行为的数量不同，在同一个博弈中，不同博弈方的可选策略或行为的内容和数量也不相同，有时只存在有限的几种，甚至只有一种，而有时又可能存在许多种，甚至无限多种可选策略或行为。

（3）得益/支付（payoffs），是指博弈方在各种策略组合下所获得的收益。由于我们对博弈的分析主要是通过数量关系的比较进行的，因此，我们研究的绝大多数博弈，本身都有数量的结果或可以量化为数量的结果，例如，收入、利润、损失、个人效用和社会效用、经济福利等。博弈中的这些可能结果的量化数值，称为各博弈方在相应情况下的"得益"。博弈方的得益不仅取决于自己的策略选择，而且取决于所有其他博弈方的策略选择，是策略组合的函数。得益是博弈方行为和判断的主要依据。规定一个博弈必须对得益做出规定，得益可以是正值，也可以是负值，它们是分析博弈模型的标准和基础。需要注意的是，虽然各博弈方在各种情况下的得益应该是客观存在的，但这并不意味着各博弈方都了解各方的得益情况。

（4）行动的顺序（the order of play），是指博弈方实施决策活动的顺序。在其他因素不变的情况下，如果行动的顺序不同，那么博弈方的最优策略就不同，博弈的结果也不同。事实上，不同的顺序安排意味着不同的博弈。即使博弈的其他方面都相同，次序不同往往也会导致不同的博弈。

以上四个方面是定义一个博弈的基本要素，确定了这四个要素就确定了一个博弈。博弈论就是系统研究可以用上述方法定义的各种博弈问题，寻求各博弈方在不同理性、能力条件下，合理的策略选择以及均衡的博弈结果，并分析这些结果的经济意义、效率意义的理论和方法（张维迎，2013）。

所有博弈方同时或可看作同时选择策略的博弈称为"静态博弈"（static game）。我们把决策有先后顺序的博弈称为"动态博弈"（dynamic game），也称"多阶段博弈"（multistage game）。动态博弈中在轮到行为时对博弈的进程完全了解的博弈方，称为具有"完美信息"（perfect information）的博弈方。如果动态博弈的所有博弈方都有完美信息，则称为"完美信息的动态博弈"。动态博弈中轮到行为的博弈方不完全了解此前全部博弈进程时，称为具有"不完美信息"（imperfect information）的博弈方，有这种博弈方的动态博弈则称为"不完美信息的动态博弈"。

2.1.2　博弈的分类

博弈结构的每个方面特征都可以作为博弈分类的依据。根据博弈方的数量可分为单人博弈、双人博弈和多人博弈；根据博弈方策略的数量可分为有限博弈和无限博弈；根据得益情况可分为零和博弈、常和博弈和变和博弈；根据信息结构可分为完全信息博弈和不完全信息博弈，以及完美信息动态博弈和不完美信息动态博弈；最后还可以根据博弈方的理性和行为逻辑差别分为完全理性博弈和有限理性博弈，非合作博弈和合作博弈。

非合作博弈和合作博弈是博弈论最基本的一个分类，它们在产生和发展的路径，在经济学中的地位、作用和影响等许多方面都有很大的差异。一般地，我们将允许存在有约束力协议的博弈称为合作博弈(cooperative game)。与此相对的是，将不允许存在有约束力协议的博弈称为非合作博弈(uncooperative game)。由于在合作博弈和非合作博弈两类博弈中，博弈方的基本行为逻辑和研究方法有很大差异，因此，它们是两类很不相同的博弈。

事实上，"合作博弈理论"和"非合作博弈理论"是现代博弈论的研究重点。因为竞争是一切社会、经济关系的根本基础，不合作是基本的，合作是有条件和暂时的，所以非合作博弈关系比合作博弈关系更为普遍。现代博弈论中研究和应用较广泛的主要是非合作博弈理论。

2.1.3　纯策略和混合策略

我们常用 G 代表一个非合作博弈。如果 G 有 n 个博弈方，则每个博弈方的全部可选策略集合(也称为策略空间)分别用 S_i 表示，其中 $i = 1, 2, \cdots, n$。

一般地，我们将各博弈方都完全了解所有博弈方各种情况下的博弈称为完全信息(complete information)博弈，而将至少有部分博弈方不完全了解其他博弈方得益情况的博弈称为不完全信息(incomplete information)博弈或贝叶斯博弈(bayesian game)。

纯策略(pure strategy)：在完全信息博弈中，如果在每个给定信息下，只能选择一种特定策略，这个策略称为纯策略。

混合策略(mixed strategy)：如果在每个给定信息下只以某种概率选择不同策略，称为混合策略。混合策略是纯策略在空间上的概率分布，纯策略是混合策略的特例。

收益函数(payoff function)：每个博弈方在参与博弈时依据其所属类型和选择的行动可获得的收益，常用 U 表示。记 $S = (s_1, s_2, \cdots, s_n)$ 为一个策略组合，$s_i \in S$ 表示第 i 个参与人的策略，每个参与人的收益函数为 $U_i(s)$。用 s_{-i} 表示除了第 i 个参与人，其他所有参与人的策略组合。假设第 i 个参与人有两种行为选择：s_i^1 和 s_i^2。如果 s_i 是一个混合策略，以概率 p 选择 s_i^1，以概率 $1 - p$ 选择 s_i^2，那么第 i 个参与人在该混合策略下的收益就是

$$U_i(s_i, s_{-i}) = p U_i(s_i^1, s_{-i}) + (1 - p) U_i(s_i^2, s_{-i})。$$

如果

$$s_i^* \in \operatorname{argmax}_{s_i \in S} U_i(s_i, s_{-i}),$$

那么策略 s_i^* 被称为是对 s_{-i}^* 的最佳对策。

2.1.4 纳什均衡

定义：在博弈 G 中，如果由各个博弈方的各一个策略组成的某个策略组合 $s = (s_1, \cdots s_n)$ 中，任一博弈方 i 的策略 s_i^e，都是对其余博弈方策略的组合 s_{-i}^e 的最佳对策，也即

$$U_i(s_i^e, s_{-i}^e) \geqslant U_i(s_i, s_{-i}^e)$$

对任意的 $s_i \in S$ 都成立，则称 $s_e = (s_1^e, \cdots, s_n^e)$ 为 G 的一个纳什均衡(Nash equilibrium)。

通俗地讲，纳什均衡是行为主体间相互作用的一种状态，在该状态下，没有人能够通过改变自身的策略而谋取更多的利益。本书中的"均衡"都表示"纳什均衡"。

2.2 排队中的博弈

在排队等待服务的过程中，顾客往往是独立的个体，他们会根据系统披露的实时信息和各自的预期收益独立地做行为决策，比如是参与排队等待还是就此止步，因此，每个顾客都可以看作一个博弈方。在做决策之前，顾客往往需要考虑其他顾

客的行为对他的最终收益的影响，甚至是机构行为对他的影响。所以排队系统中存在两种常见的博弈：顾客之间的博弈、顾客和服务商之间的博弈。

2.2.1　顾客效用函数和社会福利函数

本书关注完全理性顾客和有限理性顾客的策略行为与社会福利。我们假设顾客接受服务后会得到回报，而在系统中等待需要支付费用，把顾客直接或间接的花费称为总花费，顾客的效用就是服务回报与总花费之差。假设顾客风险中立(1 单位期望得益带来的满足和 1 单位期望损失带来的厌恶在数量上是相等的)，其收入-支出函数线性。顾客效用函数不仅依赖于他自己的选择，还依赖于他人的选择，个人的最优选择是其他人最优选择的函数。在非合作博弈中，个人的目标是自身效用最大化，而不考虑其他人的效用情况。

如果把顾客和机构看作一个整体，从社会全局的角度来考虑一个排队系统的收益情况，其目标就是社会福利达到最大。这里的社会福利指的是社会中所有成员(包括顾客和机构)的总收益。需要注意的是，当机构对顾客收取服务费用时，相当于社会成员之间的价值转移，对社会整体的收益没有影响。

2.2.2　系统信息精度

当顾客到达系统时，他们会根据所掌握的信息多少来选择自己的排队策略。根据系统透露给顾客的信息精度的不同，我们通常可以分为以下几种情形：

(1)完全可见情形(fully observable case)：顾客到达系统时，服务台状态和队长均可见；

(2)几乎可见情形(almost observable case)：顾客到达系统时，服务台状态不可见，队长可见；

(3)几乎不可见情形(almost unobservable case)：顾客到达系统时，服务台状态可见，队长不可见；

(4)完全不可见情形(fully unobservable case)：顾客到达系统时，服务台状态和队长均不可见。

本书主要在不同的信息精度下研究各排队模型中顾客的均衡排队策略和社会福利。

2.2.3 进队策略

1. 门限型策略

门限型策略(Hassin 和 Haviv, 2003; Hassin, 2016; 王金亭, 2016)在排队经济学分析中十分常见。假设到达顾客有两种行为选择 A_1 或 A_2, $n \in N$, $N(t)$ 表示 t 时刻系统的队长。纯门限策略 n 可表示为:当 $N(t) \leqslant n - 1$ 时,选择 A_1;当 $N(t) \geqslant n$ 时,选择 A_2。

2. 混合策略

假设 $q \in [0, 1]$,混合策略可表示为:顾客到达排队系统时,以概率 q 选择加入系统,以概率 $(1 - q)$ 选择不加入。

2.3 拟生灭过程与矩阵几何解

拟生灭过程是以指数分布为基础的经典生灭过程从一维状态空间到多维状态空间的推广,可以用来分析休假与工作休假型排队系统的运行指标,是当代随机模型分析的重要工具。正如生灭过程的生成元具有三对角形式一样,拟生灭过程的生产元是分块三对角矩阵。

考虑一个二维 Markov 过程 $\{X(t), J(t)\}$ $(t > 0)$,状态空间为

$$\Omega = \{(k, j), k \geqslant 0, 1 \leqslant j \leqslant m\}.$$

称 $\{X(t), J(t)\}$ $(t > 0)$ 是一个拟生灭过程,如果其生成元可写成下列分块三对角形式

$$Q = \begin{bmatrix} A_0 & C_0 & & & \\ B_1 & A & C & & \\ & B & A & C & \\ & & B & A & C \\ & & & & \ddots \end{bmatrix}, \quad (2.1)$$

其中所有子块都是 m 阶的方阵,满足

$$(A_0 + C_0)e = (B_1 + A + C)e = (A + B + C)e = 0.$$

A_0 和 A 有负的对角线元素，其余子块均是非负阵，且 e 为所有元素均为 1 的 m 维列向量。称状态集

$$(k, 1), (k, 2), \cdots, (k, m)$$

为水平 k。若过程是正常返的，以 (X, J) 表示过程 $\{X(t), J(t)\}$ $(t > 0)$ 的极限变量，

$$\pi_{kj} = \lim_{t \to \infty} P\{X(t) = k, J(t) = j\} = P\{X = k, J = j, \}$$

其中 $k \geqslant 0$, $1 \leqslant j \leqslant m$。为适应 Q 的分块形式，将稳态概率按水平写成分段形式

$$\pi_k = (\pi_{k1}, \pi_{k2}, \cdots, \pi_{km}), \quad k \geqslant 0$$

因此，有下述理论：

定理 2.1　过程 Q 正常返，当且仅当矩阵方程

$$R^2 B + RA + C = 0$$

的最小非负解 R 的谱半径 $SP(R) < 1$，并且齐次线性方程组

$$\pi_0(A_0 + RB_1) = 0$$

有正解。

定理 2.2　若矩阵 $G = A + B + C$ 不可约，率阵 R 满足 $SP(R) < 1$，当且仅当 $\pi^* Be > \pi^* Ce$，这里 π^* 是生成元 G 的平稳概率向量，满足

$$\pi^* G = 0, \quad \pi^* e = 1.$$

定理 2.3　当过程 Q 正常返时，稳态概率向量可用矩阵几何解表示为

$$\pi_k = \pi_0 R^k, \quad k = 0, 1, \cdots,$$

其中 π_0 是方程组 $\pi_0(A_0 + RB_1) = 0$ 的解，满足正规化条件

$$\pi_0 (I - R)^{-1} e = 1.$$

但在大量实际应用中，拟生灭过程的生成元并非所有子块都是 m 阶方阵，通常使用边界状态变体。设自然数 $c \geqslant 1$，当 $0 \leqslant k \leqslant 1$ 时，水平 k 包含 m_k 个状态；当 $k \geqslant c$ 时，所有的水平 k 都含有 $m_c = m$ 个状态。这时，$\{X(t), J(t)\}$ 的状态空间是

$$\Omega = \{(k, j) \mid 0 \leqslant k \leqslant c - 1, 1 \leqslant j \leqslant m_k\} \cup \{(k, j) \mid k \geqslant c, 1 \leqslant j \leqslant m\}$$

这时，对应的生成元如下

$$Q^* = \begin{pmatrix} A_0 & C_0 & & & & & \\ B_1 & A_1 & C_1 & & & & \\ & \cdots & \cdots & & & & \\ & & & B_{c-1} & A_{c-1} & C_{c-1} & \\ & & & & B_c & A & C \\ & & & & & B & A & C \\ & & & & & & \ddots & \ddots & \ddots \end{pmatrix} \tag{2.2}$$

其中 A_k 是 m_k 阶方阵, B_k, C_k 分别是 $m_k \times m_{k-1}$, $m_k \times m_{k+2}$ 矩阵, 而 A, B, C 都是 m 阶方阵。为使式(2.2)与式(2.1)在形式上保持一致, 可将式(2.2)进一步分割成如下子块

$$H_0 = \begin{pmatrix} A_0 & C_0 & & & \\ & B_1 & A_1 & C_1 & \\ & \ddots & \ddots & \ddots & \\ & & B_{c-2} & A_{c-2} & C_{c-2} \\ & & & B_{c-1} & A_{c-1} \end{pmatrix}, \quad H_{10} = (0, \, B_c), \quad H_{01} = \begin{pmatrix} 0 \\ C_{c-1} \end{pmatrix}.$$

这里 H_0 是 $m^* = m_0 + \cdots + m_{c-1}$ 阶方阵, H_{10}, H_{01} 分别是 $m \times m^*$ 和 $m^* \times m$ 矩阵。于是式(2.2)可改写成下列复合分块形式

$$Q^* = \begin{pmatrix} H_0 & H_{01} & & & \\ H_{01} & A & C & & \\ & B & A & C & \\ & & B & A & C \\ & & & \ddots & \ddots & \ddots \end{pmatrix}. \tag{2.3}$$

式(2.3)与式(2.1)的区别仅在于边界状态的转移, 称为式(2.1)的边界状态变体。R 是矩阵方程

$$R^2 B + RA + C = 0$$

的最小非负解, 并引入矩阵

$$B[R] = \begin{pmatrix} A_0 & C_0 & & & & \\ B_1 & A_1 & C_1 & & & \\ & \ddots & \ddots & \ddots & & \\ & & B_{c-1} & A_{c-1} & C_{c-1} & \\ & & & B_c & RB + A \end{pmatrix}$$

类似于标准拟生灭过程，对变体式 (2.3) 有

定理 2.4 Q^* 正常返当且仅当 SP(R) < 1，并且齐次线性方程组

$$(\pi_0, \ \pi_1, \ \cdots, \ \pi_c) B[R] = 0. \tag{2.4}$$

有正解。这时稳态分布可表为

$$\pi_k = \pi_c R^{k-c}, \ k \geqslant c$$

而 $\pi_0, \ \pi_1, \ \cdots, \ \pi_c$ 是式 (2.4) 的正解，满足正规化条件

$$\sum_{k=0}^{c-1} \pi_k e + \pi_c (I - R)^{-1} e = 1$$

定理 2.1，定理 2.2，定理 2.3 和定理 2.5 中的结论及证明见田乃硕与岳德权 (2002) 的研究。

第3章 *N*-策略工作休假排队系统中的
顾客策略分析

在实际应用中，休假排队系统中的服务台从休假状态向正常工作状态切换需要一定的成本，还会带来设备损耗。*N*-策略休假排队策略的提出，有效避免了服务台状态的频繁切换。自 Yadin 和 Naor(1963) 在排队系统中引入 *N*-策略以来，学者们对 *N*-策略控制的排队系统中的运行指标和顾客策略行为做了详尽的研究与探索。Servi 和 Finn(2002) 将工作休假(working vacation，WV) 引入排队系统中，服务台在休假期间不会完全停止工作，而是以较低的服务率为顾客提供服务。这种两种服务率交替运行的工作模式，有效避免了在经典排队系统中当系统负载较低时，服务台空转带来的浪费，也避免了完全休假排队系统中在服务台休假期间来到系统的顾客等待时间过长的问题。本章将工作休假引入 *N*-策略休假排队系统中，研究了 Guo 和 Hassin(2011) 模型的一般情况。基于线性"收益-成本"结构，建立了顾客收益函数和社会福利函数，研究了完全可见、几乎可见、几乎不可见和完全不可见四种信息水平下的顾客均衡策略和社会最优策略。

3.1 模 型 描 述

考虑一个 $M/M/1$ 排队系统，潜在顾客到达为参数为 λ 的泊松过程。正常工作状态下，服务台的服务时间服从参数为 μ_1 的指数分布。系统一旦为空，服务台开始一次工作休假。工作休假期间服务台以较低服务率 $\mu_0(\mu_0 < \mu_1)$ 为顾客提供服务。当系统中的顾客数达到转换门限 N(事先给定) 时，服务台将正在接受服务的顾客服务完后立刻终止工作休假，将服务率提高到 μ_1。服务原则为 FCFS(先到先服务)，

不允许插队，顾客加入系统后在服务完成前不可以退出。为了使系统能够达到稳态，假设 $\lambda < \mu_1$。

令 $(N(t), I(t))(t > 0)$ 表示 t 时刻的系统状态，其中，$N(t)$ 表示 t 时刻系统中的顾客数，$I(t)$ 表示 t 时刻服务台的状态。记

$$I(t) = \begin{cases} 0, & \text{时刻 } t \text{ 处于工作休假时期} \\ 1, & \text{时刻 } t \text{ 处于正常工作状态} \end{cases}$$

$\{(N(t), I(t)), t > 0\}$ 是二维马尔可夫过程。本章研究下列四种不同信息水平下的顾客均衡策略和社会最优策略：

（1）完全可见情况，来到系统的顾客既知道系统中的顾客数 $N(t)$，也知道系统服务台所处的状态 $I(t)$；

（2）几乎可见情况，来到系统的顾客只知道系统中的顾客数 $N(t)$，而不知道系统服务台所处的状态 $I(t)$；

（3）几乎不可见情况，来到系统的顾客只知道系统服务台所处的状态 $I(t)$，而不知道系统中的顾客数 $N(t)$；

（4）完全不可见情况，来到系统的顾客既不知道系统中的顾客数 $N(t)$，也不知道系统服务台所处的状态 $I(t)$。

当 $N = 1$ 时，在工作休假期间，只要有顾客加入系统，系统服务台便开始以正常服务率为顾客提供服务，系统退化为服务率为 μ_1 的经典 $M/M/1$ 排队。在本书中只研究 $N > 1$ 的情况。

为了描述顾客来到系统后的决策意愿，引入"收益 - 成本"结构。假设一次服务完成顾客得到 R 单位的收益，在系统中逗留每单位时间支出 C 单位。令 U 表示来到顾客的预期净收益，有

$$U = R - CE[W]$$

其中，$E[W]$ 表示顾客在系统中的期望逗留时间，当 U 非负时，顾客选择进入系统。

定义 $v = \dfrac{RC}{\mu_1}$，假设

$$R - C\frac{N-1}{\mu_0} \geqslant 0$$

这一条件保证了顾客会在休假期加入系统，系统可以转化到正常服务状态。否则，系统一旦开始休假，将永远留在休假期。系统运作的状态转移图如图 3.1 所示：

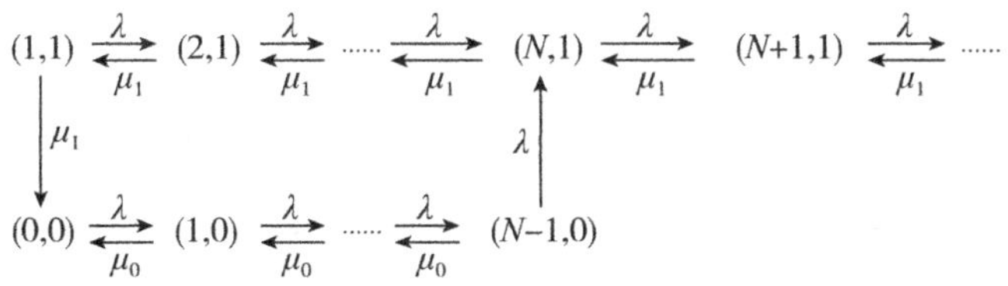

图 3.1 系统运作状态转移图

3.2 完全可见情况

在完全可见情况下，顾客到达系统时，不仅知道系统中的顾客数 $N(t)$，还知道系统服务台的状态 $I(t)$。顾客可以准确计算出加入系统后的期望等待时间，并根据"收益 - 成本"结构计算完成服务获得的收益。下面分析顾客的均衡策略和社会最优策略。

3.2.1 顾客均衡策略

由模型描述可知，在均衡条件下，在 0 状态来到的顾客都会选择加入系统接受服务。在 1 状态，顾客的均衡策略是一个止步门限。令 n_e 表示顾客在 1 状态来到系统时的止步门限，即顾客在 1 状态来到系统，若系统中的顾客数不大于 n_e，顾客加入系统；否则，顾客离开。n_e 满足

$$R - C\frac{n_e}{\mu_1} \geqslant 0 \ \text{和} \ R - C\frac{n_e + 1}{\mu_1} < 0$$

故

$$n_e = \left[\frac{R\mu_1}{C}\right]$$

下面分析完全可见情况下，顾客在不同系统状态到达并加入系统后的期望逗留时间。

（1）若顾客来到系统时，系统状态为 $(n,1)$，顾客的期望逗留时间为：

$$E[W_{fo}(n,1)] = \frac{n+1}{\mu_1}$$

（2）若顾客来到系统时，系统状态为 $(n,0)$，

（a）若 $n \geqslant N-1$，此顾客必然以正常服务率接受服务，其在系统中的期望逗留时间为：

$$E[W_{fo}(n,0)] = \frac{1}{\mu_0} + \frac{n}{\mu_1}$$

（b）若 $n < N-1$，此顾客有可能以正常服务率接受服务，也有可能以工作休假服务率接受服务。若此顾客在接受服务前，系统中的顾客数达到 N，服务台转换到正常工作状态，此顾客以正常服务率接受服务；否则，此顾客以休假服务率接受服务。顾客在系统中最长的期望逗留时间为 $\dfrac{N+1}{\mu_0}$，即顾客以休假服务率 μ_0 接受服务的期望逗留时间；最短的期望逗留时间为 $\dfrac{1}{\mu_0} + \dfrac{N}{\mu_1}$，即只有顾客来到时系统中正在接受服务的顾客以休假服务率 μ_0 接受服务，而其余所有顾客都以正常服务率 μ_1 接受服务的期望逗留时间。

下面的引理给出完全可见情况下，顾客在 $(n,0)(n < N-11)$ 时来到并加入系统后，以正常服务率 μ_1 接受服务的概率 $P_{n,01}$。

引理 3.1　在完全可见 N- 策略工作休假 $M/M/1$ 排队系统中，所有顾客根据相同的均衡门限策略决定是否加入系统。若顾客在 $(n,0)(n < N-1)$ 来到并加入系统，其以正常服务率接受服务的概率为：

$$P_{n,01} = \sum_{k=1}^{n} P_{k,01}.$$

其中，$P_{k,01}$ 表示服务台服务完 $k(0 < k \leqslant n)$ 个顾客后转换到正常服务状态的概率，

$$P_{k,01} = \sum_{m=N-(n-k+1)}^{n_e-(n+1-k)} P_m(S_0(k)).$$

$P_m(S_0(k))$ 表示在时间 $S_0(k)$ 内来到顾客数为 m 的概率，$S_0(k)$ 表示服务台以休假服务率服务 k 个顾客所需的时间，且

$$P_m(S_0(k)) = C_{m+k-1}^m \left(\frac{\lambda}{\lambda + \mu_0}\right)^m \left(\frac{\mu_0}{\lambda + \mu_0}\right)^k.$$

证明　先来求 $S_0(k)$ 的分布。$S_0(k)$ 表示服务台以休假服务率 μ_0 服务 k 个顾客的时间，故 $S_0(k)$ 是 k 个参数为 μ_0 且独立的指数分布的和。用矩母函数容易证得 $S_0(k)$ 服从参数为 (k, μ_0) 的 Gamma 分布，其概率密度为：

$$f_{S(k)}(t) = \frac{\mu_0 e^{-\mu_0 t}(\mu_0 t)^{k-1}}{(k-1)!}, \ t \geqslant 0.$$

因为所有顾客根据相同的止步门限策略加入系统，所以顾客在系统任一状态的到达率为 λ。标记一个顾客，假设其在系统状态为 $(n, 0)(n < N-1)$ 时加入。若服务台服务完 $k(0 < k < n)$ 个顾客后，系统中的顾客数至少为 $N-(n+1-k)$，服务台转换到正常工作状态，此标记顾客以正常工作服务率接受服务；否则，此标记顾客以工作休假服务率接受服务。下面先求在 $S_0(k)$ 内来到 m 个顾客的概率 $P_m(S_0(k))$：

$$
\begin{aligned}
P_m(S_0(k)) &= P\{N(S_0(k)) = m\} \\
&= \int_0^{+\infty} P\{N(S_0(k)) = m \mid S_0(k) = t\} \frac{\mu_0 e^{-\mu_0 t}(\mu_0 t)^{k-1}}{(k-1)!} dt \\
&= \int_0^{+\infty} P\{N(t) = m\} \frac{\mu e^{-\mu_0 t}(\mu_0 t)^{k-1}}{(k-1)!} dt \\
&= \int_0^{+\infty} \frac{(\lambda t)^m e^{-\lambda t}}{m!} \frac{\mu_0 e^{-\mu_0 t}(\mu_0 t)^{k-1}}{(k-1)!} dt \\
&= \frac{\lambda^m \mu_0^k}{m!(k-1)!} \int_0^{+\infty} t^{m+k-1} e^{-(\lambda+\mu_0)t} dt \\
&= C_{m+k-1}^m \left(\frac{\lambda}{\lambda + \mu_0}\right)^m \left(\frac{\mu_0}{\lambda + \mu_0}\right)^k.
\end{aligned}
$$

图 3.2 描述了 $P_m(S_0(k))$ 的概率走势，取 $\frac{\lambda_0}{\lambda_0 + \mu_0} = 0.7$。从图中可以看出，随着 k 值的增大，服务顾客数增多，在服务期内没有顾客来到的概率越来越小。当 $k =$

1 时，服务台服务一个顾客期间系统中来到 m 个顾客的概率随 m 的增大而减小。而当 $k > 1$ 时，系统中来到 m 个顾客的概率先增后减，即达到峰值后下降。当 $k = 1$ 时，系统中没有顾客来到的概率最大，故不存在其他曲线中先增长的一段。

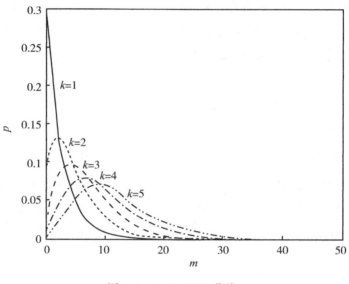

图 3.2　$P_m(S_0(k))$ 曲线

若 $S_0(k)$ 内来到并加入系统的顾客数大于等于 $N - (n + 1 - k)$，服务台转换到正常工作状态。由于均衡条件下，系统中顾客数最多为 n_e，服务台服务完 k 个顾客后转换到正常工作状态的概率 $P_{k,\,01}$ 可以表示为：

$$P_{k,\,01} = P\{N(S_0(k)) \geqslant N - (n + 1 - k)\}$$

$$= \sum_{m = N - (n - k + 1)}^{n_e - (n + 1 - k)} P\{N(S_0(k)) = m\}$$

$$= \sum_{m = N - (n - k + 1)}^{n_e - (n + 1 - k)} P_m(S_0(k)).$$

因此，完全可见情况下，在状态 $(n, 0)$ $(n < N - 1)$ 来到并加入系统的顾客以正常服务率接受服务的概率 $P_{n,\,01}$ 为：

$$P_{n,\,01} = \sum_{k = 1}^{n} P_{k,\,01}.$$

证毕。

根据引理 3.1，可以求得完全可见情况下，顾客在系统状态为 $(n, 0)(n < N - 1)$ 时来到并加入系统的期望逗留时间，见定理 3.1。

定理 3.1 在完全可见 N- 策略工作休假 $M/M/1$ 排队系统中，所有顾客根据相同的止步门限策略选择是否加入系统。顾客在状态 $(n, 0)(n < N - 1)$ 时来到并加入的期望逗留时间 $E[W_{fo}(n, 0)]$ 为：

$$E[W_{fo}(n, 0)] = \begin{cases} \sum_{k=1}^{n} \left(\dfrac{k}{\mu_0} + \dfrac{n - k + 1}{\mu_1} \right) P_{k, 01} & \text{以概率 } P_{n, 01} \\ \dfrac{n + 1}{\mu_0}, & \text{以概率 } 1 - P_{n, 01} \end{cases}$$

其中，$P_{k, 01}$ 由定理 3.1 给出。

从以上分析可以看出，顾客在 1 状态加入系统的期望逗留时间、在 0 状态加入系统的最长逗留时间和最短逗留时间独立于来到率 λ，只依赖于顾客来到时系统中的顾客数和服务台的服务率。而顾客在 0 状态加入系统并以正常工作服务率接受服务的期望逗留时间与顾客到达率密切相关，这是由于顾客在 0 状态的到达率会直接影响 0 状态系统中的顾客数，0 状态系统中的顾客数决定了服务台是否能够切换到正常工作状态。

命题 3.1 给出完全可见情况下，系统服务台以休假服务率服务 $k(0 < k < N - 1)$ 个顾客期间来到顾客数的期望。

命题 3.1 在完全可见 N- 策略工作休假 $M/M/1$ 排队系统中，所有顾客根据相同的止步门限策略选择是否加入系统。系统服务台以工作休假服务率 μ_0 服务 $k(0 < k < N - 1)$ 个顾客的时间 $S_0(k)$ 内来到顾客数的期望为：

$$E[N(S_0(k))] = \frac{\lambda_0}{\mu_0} k.$$

证明 令 $T_i = S_i - S_{i-1}$ 为服务台服务第 i 个顾客的时间，T_i 服从参数为 μ_0 的指数分布，则在服务 k 个顾客的时间内来到系统的顾客数的期望为：

$$\begin{aligned} E[N(S_0(k))] &= \sum_{i=1}^{k} E[N(T_i)] \\ &= \sum_{i=1}^{k} \int_{0}^{+\infty} E[N(T_i) \mid T_i = t_i] \mu_0 e^{-\mu_0 t_i} dt_i \end{aligned}$$

$$= \sum_{i=1}^{k} \int_{0}^{+\infty} \lambda_0 t_i \mu_0 e^{-\mu_0 t_i} dt_i$$

$$= k \frac{\lambda_0}{\mu_0}.$$

证毕。

3.2.2　社会最优策略

在完全可见情况下，顾客根据相同的止步门限决定是否加入系统，因此，顾客的加入率为到达率 λ 或 0。在工作休假状态，所有来到系统的顾客加入系统，否则，系统一旦进入工作休假状态，就不能切换到正常工作状态。在正常工作状态，令 n^* 表示顾客的最优止步门限，有 $n^* \geq N$。当系统中的顾客数大于 n^* 时，来到系统的顾客不再加入系统，顾客的加入率为 0。此排队系统为有限状态二维马尔可夫链，状态空间为：

$$\Omega_{fo} = \{(i, 0), i = 0, 1, \cdots, N-1\} \cup \{(j, 1), j = 1, 2, \cdots, n\}.$$

系统的状态转移图如图 3.3 所示：

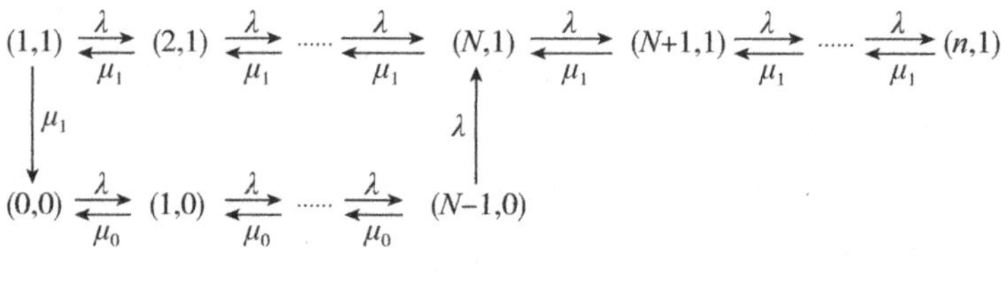

图 3.3　完全可见情况下的系统状态转移图

令 $\rho_1 = \dfrac{\lambda}{\mu_1}$，$\rho_0 = \dfrac{\lambda}{\mu_0}$，$P_{fo}(k, i)((k, i) \in \Omega_{fo})$ 表示完全可见情况下系统的稳态概率，定理 3.2 给出完全可见情况下系统的稳态概率分布。

定理 3.2　在完全可见 N- 策略工作休假 $M/M/1$ 排队系统中，若所有的顾客根据相同的止步门限策略 n 选择是否加入系统，则系统稳态概率为：

$$P_{fo}(k, 0) = \frac{\rho_0^k - \rho_0^N}{\rho_0^N(1 - \rho_0)} \frac{\mu_1}{\mu_0} P_{fo}(1, 1), \quad k = 0, 1, \cdots, N-1,$$

$$P_{\text{fo}}(k, 1) = \frac{1 - \rho_1^k}{1 - \rho_1} P_{\text{fo}}(1, 1), \quad k = 1, 2, \cdots, N,$$

$$P_{\text{fo}}(N + k, 1) = \frac{\rho_1^k (1 - \rho_1^N)}{1 - \rho_1} P_{\text{fo}}(1, 1), \quad k = 0, 1, 2, \cdots, n - N.$$

其中,

$$P_{\text{fo}}(1, 1) = \left[\frac{1 - (N + 1)\rho_0^N + N\rho_0^{N+1}}{\rho_0^N (1 - \rho_0)^2} \frac{\mu_1}{\mu_0} + \frac{N - N\rho_1 - \rho_1^{n-N+1} + \rho_1^{n+1}}{(1 - \rho_1)^2} \right]^{-1},$$

由概率归一化条件得出。

证明 根据状态转移图可以写出以下平衡方程:

$$\mu_1 P_{\text{fo}}(1, 1) + \mu_0 P_{\text{ao}}(1, 0) = \lambda P_{\text{fo}}(0, 0), \tag{3.1}$$

$$(\lambda + \mu_1) P_{\text{fo}}(1, 1) = \mu_1 P_{\text{fo}}(2, 1), \tag{3.2}$$

$$(\mu_0 + \lambda) P_{\text{fo}}(k, 0) = \lambda P_{\text{fo}}(k - 1, 0) + \mu_0 P_{\text{fo}}(k + 1, 0), \quad k = 1, 2, \cdots, N - 2, \tag{3.3}$$

$$\lambda P_{\text{fo}}(N - 2, 0) = (\mu_0 + \lambda) P_{\text{fo}}(N - 1, 0), \tag{3.4}$$

$$\lambda P_{\text{fo}}(N - 1, 0) + \lambda P_{\text{fo}}(N - 1, 1) + \mu_1 P_{\text{fo}}(N + 1, 1) = (\lambda + \mu_1) P_{\text{fo}}(N, 1), \tag{3.5}$$

$$\lambda P_{\text{fo}}(k - 1, 1) + \mu_1 P_{\text{fo}}(k + 1, 1) = (\lambda + \mu_1) P_{\text{fo}}(k, 1), \quad k = 2, 3, \cdots, N - 1, \tag{3.6}$$

$$(\lambda + \mu_1) P_{\text{fo}}(N + k, 1) = \lambda P_{\text{fo}}(N + k - 1, 1) + \mu_1 P_{\text{fo}}(N + k + 1, 1),$$
$$k = 1, 2, \cdots, n - N. \tag{3.7}$$

式(3.3)对应的常系数齐次线性差分方程为:

$$\mu_0 x_{k+1} - (\mu_0 + \lambda) x_k + \lambda x_{k-1} = 0, \quad k = 1, \cdots, N - 2. \tag{3.8}$$

方程(3.8)对应的特征方程为:

$$\mu_0 x^2 - (\mu_0 + \lambda) x + \lambda = 0. \tag{3.9}$$

特征方程(3.8)的通解为:

$$x_k = C_1 \rho_0^k + C_2,$$

即

$$P_{\text{fo}}(k, 0) = C_1 \rho_0^k + C_2, \quad k = 1, 2, \cdots, N - 2. \tag{3.10}$$

式(3.10) 与式(3.4) 联立, 解得:

$$C_2 = - C_1 \rho_0^N. \tag{3.11}$$

将式(3.1), 式(3.10), 式(3.11) 联立, 解得

$$C_1 = \frac{1}{\rho_0^N (1 - \rho_0)} \frac{\mu_1}{\mu_0} P_{\text{fo}}(1, 1).$$

故有

$$P_{\text{fo}}(k, 0) = \frac{\rho_0^k - \rho_0^N}{\rho_0^N (1 - \rho_0)} \frac{\mu_1}{\mu_0} P_{\text{fo}}(1, 1), \quad k = 0, 1, \cdots, N - 1.$$

用同样的方法解得:

$$P_{\text{fo}}(k, 1) = \frac{1 - \rho_1^k}{1 - \rho_1} P_{\text{fo}}(1, 1), \quad k = 1, 2, \cdots, N - 1.$$

$$P_{\text{fo}}(N + k, 1) = \frac{\rho_1^k (1 - \rho_1^N)}{1 - \rho_1} P_{\text{fo}}(1, 1), \quad k = 1, 2, \cdots, n - N.$$

根据标准概率归一化条件:

$$\sum_{k=0}^{N-1} P_{\text{fo}}(k, 0) + \sum_{k=1}^{N-1} P_{\text{fo}}(k, 1) + \sum_{k=0}^{n-N} P_{\text{fo}}(N + k, 1) = 1,$$

可以求得:

$$P_{\text{fo}}(1, 1) = \left[\frac{1 - (N + 1)\rho_0^N + N\rho_0^{N+1}}{\rho_0^N (1 - \rho_0)^2} \frac{\mu_1}{\mu_0} + \frac{N - N\rho_1 - \rho_1^{n-N+1} + \rho_1^{n+1}}{(1 - \rho_1)^2} \right]^{-1}.$$

证毕。

根据系统的稳态分布, 可以求得系统的平均队长 $\mathrm{E}[L_{\text{fo}}(n)]$ 为:

$$\mathrm{E}[L_{\text{fo}}(n)] = \sum_{k=1}^{N-1} k(P_{\text{fo}}(k, 0) + P_{\text{fo}}(k, 1)) + \sum_{k=0}^{n-N} (N + k) P_{\text{fo}}(N + k, 1)$$

$$= \left[\frac{1}{\rho_0^N (1 - \rho_0)} \frac{\mu_1}{\mu_0} \left(\rho_0 \frac{1 - N\rho_0^{N-1} + (N - 1)\rho_0^N}{(1 - \rho_0)^2} - \frac{N(N - 1)}{2} \rho_0^N \right) \right.$$

$$\left. + \frac{1}{1 - \rho_1} \left(\frac{N(N - 1)}{2} + \frac{N - n\rho_1^{n-N+1} + n\rho_1^{n+1}}{1 - \rho_1} + \frac{\rho_1^{n+1}(1 - \rho_1^{-N})}{(1 - \rho_1)^2} \right) \right] P_{\text{fo}}(1, 1).$$

系统中顾客数达到最大时的概率, 即顾客的损失率 $P_{\text{fo}}(n, 1)$ 为:

$$P_{fo}(n, 1) = \frac{\rho_1^{n-N}(1 - \rho_1^N)}{1 - \rho_1} P_{fo}(1, 1).$$

令 $E[W_{fo}(n)]$ 表示顾客来到系统后的期望逗留时间，根据 Little 公式，有

$$E[W_{fo}(n)] = \frac{E[L_{fo}(n)]}{\lambda(1 - P_{fo}(n, 1))}.$$

由 PASTA 性质，单位时间的社会福利为：

$$SW_{fo}(n) = (R - CE[W_{fo}(n)])\lambda(1 - P_{fo}(n, 1))$$

$$= R\lambda(1 - P_{fo}(n, 1)) - CE[L_{fo}(n)].$$

社会福利表达式是一个复杂非线性的表达式，涉及较多参数(N, ρ_0, ρ_1, ν)。我们的目的是寻找最优社会福利 $SW_{fo}(n^*)$ 和使得社会福利最大的最优止步策略 n^*，社会福利最大化问题可以描述为：

$$SW_{fo}^*(n^*) = \max_{n \in [N, +\infty)} SW_{fo}(n).$$

3.3 几乎可见情况

在几乎可见情况下，顾客在 t 时刻来到系统，只知道系统中的顾客数 $N(t)$，不知道服务台的状态 $I(t)$。所有顾客采用相同的止步门限策略选择是否加入系统。顾客的止步门限 $n \geq N$，否则，系统一旦进入休假状态，就不能再切换到正常工作状态。此排队系统为有限状态二维马尔可夫链，状态空间为：

$$\Omega_{ao} = \{(i, 0), i = 0, 1, \cdots, N-1\} \cup \{(j, 1), j = 1, 2, \cdots, n\}.$$

几乎可见情况下的状态转移图如图 3.4 所示：

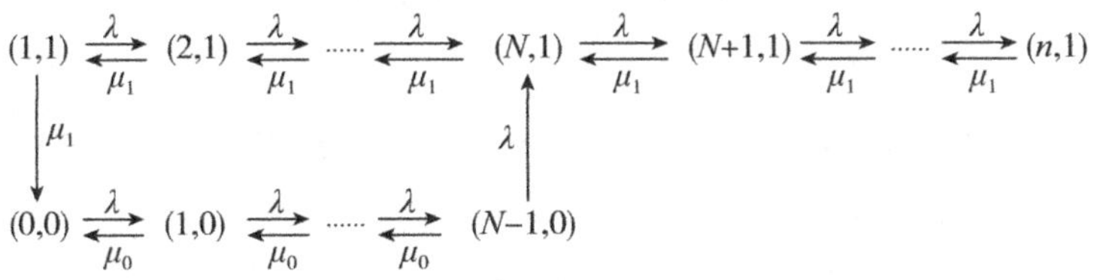

图 3.4 几乎可见情况下的系统状态转移图

令 $\rho_1 = \dfrac{\lambda}{\mu_1}$, $\rho_0 = \dfrac{\lambda}{\mu_0}$, $P_{ao}(k, i)((k, i) \in \Omega_{ao})$ 表示几乎可见情况下系统的稳态概率, 定理 3.3 给出几乎可见情况下系统的稳态概率分布。

定理 3.3 在几乎可见 *N*- 策略工作休假 $M/M/1$ 排队系统中, 若所有的顾客根据相同的止步门限策略 *n* 选择是否加入系统, 则系统的稳态分布为:

$$P_{ao}(k, 0) = \frac{\rho_0^k - \rho_0^N}{\rho_0^N(1 - \rho_0)} \frac{\mu_1}{\mu_0} P_{ao}(1, 1), \quad k = 0, 1, \cdots, N - 1,$$

$$P_{ao}(k, 1) = \frac{1 - \rho_1^k}{1 - \rho_1} P_{ao}(1, 1), \quad k = 1, 2, \cdots, N,$$

$$P_{ao}(N + k, 1) = \frac{\rho_1^k(1 - \rho_1^N)}{1 - \rho_1} P_{ao}(1, 1), \quad k = 0, 1, 2, \cdots, n - N.$$

其中,

$$P_{ao}(1, 1) = \left[\frac{1 - (N + 1)\rho_0^N + N\rho_0^{N+1}}{\rho_0^N(1 - \rho_0)^2} \frac{\mu_1}{\mu_0} + \frac{N - N\rho_1 - \rho_1^{n-N+1} + \rho_1^{n+1}}{(1 - \rho_1)^2} \right]^{-1}.$$

证明 根据状态转移图可以写出以下平衡方程:

$$\mu_1 P_{ao}(1, 1) + \mu_0 P_{ao}(1, 0) = \lambda P_{ao}(0, 0),$$

$$(\lambda + \mu_1)P_{ao}(1, 1) = \mu_1 P_{ao}(2, 1),$$

$$(\mu_0 + \lambda)P_{ao}(k, 0) = \lambda P_{ao}(k - 1, 0) + \mu_0 P_{ao}(k + 1, 0),$$

$$k = 1, 2, \cdots, N - 2,$$

$$\lambda P_{ao}(N - 2, 0) = (\mu_0 + \lambda)P_{ao}(N - 1, 0),$$

$$\lambda P_{ao}(N - 1, 0) + \lambda P_{ao}(N - 1, 1) + \mu_1 P_{ao}(N + 1, 1) = (\lambda + \mu_1)P_{ao}(N, 1),$$

$$\lambda P_{ao}(k - 1, 1) + \mu_1 P_{ao}(k + 1, 1) = (\lambda + \mu_1)P_{ao}(k, 1),$$

$$k = 2, 3, \cdots, N - 1,$$

$$(\lambda + \mu_1)P_{ao}(N + k, 1) = \lambda P_{ao}(N + k - 1, 1) + \mu_1 P_{ao}(N + k + 1, 1),$$

$$k = 1, 2, \cdots, n - N.$$

容易看出, 以上平衡方程类似完全可见情况下的平衡方程。因此, 可以根据完全可见情况下的稳态概率直接写出几乎可见情况下的稳态概率。证毕。

3.3.1 顾客均衡策略

若顾客来到系统时，发现系统中的顾客数 $n < N-1$，系统服务台有可能处于正常工作状态，也有可能处于工作休假状态。在均衡条件下，由本章 3.1 节的假设可知，顾客在工作休假期间都会加入系统。考虑到顾客在正常工作期间加入系统的期望逗留时间必然不超过其在工作休假期间加入系统的期望逗留时间，因此当系统中的顾客数 $n < N-1$ 时，所有顾客加入系统。由定理 3.3 可知，当系统中的顾客数为 $n < N-1$ 时，系统处于 0 状态的概率为：

$$P(0 \mid n) = \frac{P_{ao}(n, 0)}{P_{ao}(n, 0) + P_{ao}(n, 1)}.$$

系统处于 1 状态的概率为：

$$P(1 \mid n) = \frac{P_{ao}(n, 1)}{P_{ao}(n, 0) + P_{ao}(n, 1)}.$$

令 $E[W_{ao}(n)]$ 表示系统中的顾客数为 $n < N-1$ 时，顾客加入系统后的期望逗留时间，$E[W_{ao}(n, 0)]$ 表示顾客来到时系统服务台为 0 状态的期望等待时间，$E[W_{ao}(n, 1)]$ 表示顾客来到时系统服务台为 1 状态的等待时间，有：

$$
\begin{aligned}
E[W_{ao}(n)] &= E[W_{ao}(n, 0)]p(0 \mid n) + E[W_{ao}(n, 1)]P(1 \mid n) \\
&= \left[\sum_{k=1}^{n} \left(\frac{k}{\mu_0} + \frac{n+1-k}{\mu_1} \right) P_{k, 01} + \frac{n+1}{\mu_0}(1 - P(n, 01)) \right] \\
&\quad P(0 \mid n) + \frac{n+1}{\mu_1}P(1 \mid n).
\end{aligned}
$$

其中，$P_{k, 01}$ 由引理 3.1 给出。

注 3.1 为了使服务台能够转换到正常工作状态，有 $E[W_{ao}(n)] \leqslant \dfrac{R}{C}$ 成立。

若顾客来到系统时，发现系统中的顾客数 $n \geqslant N-1$，顾客必然以正常工作服务率接受服务，顾客根据止步门限决定是否加入系统。在此情况下，顾客在加入系统时，服务台可能处于正常工作状态，也有可能服务完当前顾客立刻转换到正常工作状态。标记一个顾客，在系统队长为 $n(n \geqslant N-1)$ 时加入系统。其最短的期望逗留时间为 $\dfrac{n+1}{\mu_1}$，最大的期望等待时间为 $\dfrac{1}{\mu_0} + \dfrac{n}{\mu_1}$。根据"收益 - 成本"结构，得到当 $n \geqslant$

$N-1$ 时顾客的均衡止步门限 n_e 为：

$$n_e = \left[\frac{R\mu_1}{C} - \frac{\mu_1}{\mu_0} \right],$$

且 $n_e \geq N$，否则系统一旦为空，将不能转化到正常工作状态。

根据以上分析，有如下定理成立：

定理 3.4   在几乎可见 N-策略工作休假 $M/M/1$ 排队系统中，若顾客来到系统时发现系统中的顾客数 $n < N-1$，顾客加入系统；若发现系统中的顾客数 $n \geq N-1$，顾客的均衡止步门限 $n_e(n_e \geq N)$ 为：

$$n_e = \left[\frac{R\mu_1}{C} - \frac{\mu_1}{\mu_0} \right].$$

3.3.2　社会最优策略

在几乎可见情况下，来到系统的顾客只能观察到系统队长，所有顾客根据相同的门限策略选择是否加入系统。因此，使社会福利最优的止步门限 n^* 必须满足 $n^* \geq N$。否则，一旦系统进入工作休假状态，将会永远留在工作休假状态。

根据定理 3.3，系统的平均队长 $\mathrm{E}[L_{ao}(n)]$ 为：

$$\begin{aligned}
\mathrm{E}[L_{ao}(n)] &= \sum_{k=1}^{N-1} k(P_{ao}(k,0) + P_{ao}(k,1)) + \sum_{k=0}^{n-N} (N+k)P_{ao}(N+k,1) \\
&= \left[\frac{1}{1-\rho_1}\left(\frac{N(N-1)}{2} + \frac{N - n\rho_1^{n-N+1}(1-\rho_1^N)}{1-\rho_1} - \frac{\rho_1^{n-N+1}(1-\rho_1^N)}{(1-\rho_1)^2} \right) \right. \\
&\quad \left. + \frac{1}{\rho_0^N(1-\rho_0)} \frac{\mu_1}{\mu_0}\left(\rho_0 \frac{1 - N\rho_0^{N-1} + (N-1)\rho_0^N}{(1-\rho_0)^2} - \frac{N(N-1)}{2}\rho_0^N \right) \right] \\
&\quad P_{ao}(1,1).
\end{aligned}$$

系统中顾客损失率 $P_{ao}(n,1)$ 为：

$$P_{ao}(n,1) = \frac{\rho_1^{n-N}(1-\rho_1^N)}{1-\rho_1} P_{ao}(1,1).$$

令 $\mathrm{E}[W_{ao}(n)]$ 表示顾客来到系统后的期望逗留时间，根据 Little's Law，有

$$\mathrm{E}[W_{ao}(n)] = \frac{\mathrm{E}[L_{ao}(n)]}{\lambda(1 - P_{ao}(n,1))}.$$

由 PASTA 性质，单位时间的社会福利为：

$$SW_{ao}(n) = (R - CE[W_{ao}(n)])\lambda(1 - P_{ao}(n, 1))$$
$$= R\lambda(1 - P_{ao}(n, 1)) - CE[L_{ao}(n)].$$

社会福利表达式是一个复杂非线性的表达式，涉及较多参数 (N, ρ_0, ρ_1, ν)。我们的目的是寻找最优社会福利和使得社会福利最大的最优止步策略 n^*，社会福利最大化问题可以描述为：

$$SW_{ao}^*(n^*) = \max_{n \in [N, +\infty)} SW_{ao}(n).$$

3.4 几乎不可见情况

在几乎不可见情况下，顾客在 t 时刻来到系统，只知道系统服务台的状态 $I(t)$，但是不知道系统中顾客数 $N(t)$。顾客的加入策略是一个混合策略 (q_0, q_1) $(0 \leq q_0, q_1 \leq 1)$，q_0 和 q_1 分别表示系统服务台状态为 0 和 1 时的加入概率。此排队系统为二维无限状态马尔可夫链，状态空间为：

$$\Omega_{au} = \{(i, 0), i = 0, 1, \cdots, N-1\} \cup \{(j, 1), j = 1, 2, \cdots\}.$$

令 $\lambda_0 = q_0\lambda$ 和 $\lambda_1 = q_1\lambda$ 分别表示顾客在 0 状态和 1 状态的来到率，系统的状态转移图如图 3.5 所示；

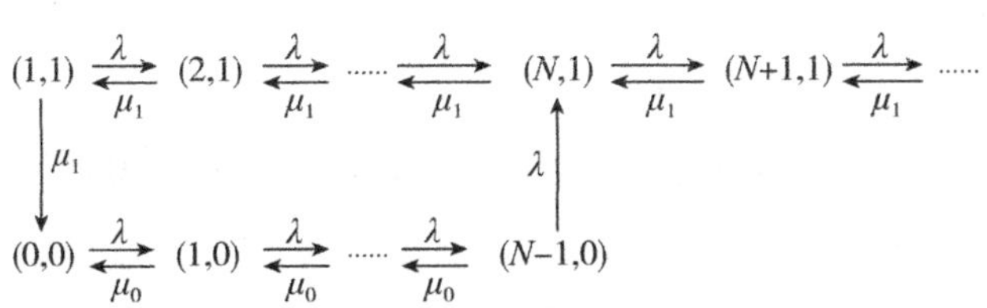

图 3.5 几乎不可见情况下的系统状态转移图

令 $\rho_1 = \dfrac{\lambda_0}{\mu_1}$，$\rho_0 = \dfrac{\lambda_1}{\mu_0}$，$P_{au}(k, i)((k, i) \in \Omega_{au})$ 表示几乎不可见情况下系统的稳态概率，定理 3.5 给出几乎不可见情况下系统的稳态概率分布。

定理 3.5 在几乎不可见 N-策略工作休假 $M/M/1$ 排队系统中，若所有的顾客根据相同的混合策略 $(q_0, q_1)(0 \leq q_0, q_1 \leq 1)$ 选择是否加入系统，系统的稳态分布为：

$$P_{au}(k, 0) = \frac{\rho_0^k - \rho_0^N}{\rho_0^N(1 - \rho_0)} \frac{\mu_1}{\mu_0} P_{au}(1, 1), \quad k = 0, 1, \cdots, N - 1,$$

$$P_{au}(k, 1) = \frac{1 - \rho_1^k}{1 - \rho_1} P_{au}(1, 1), \quad k = 1, 2, \cdots, N,$$

$$P_{au}(N + k, 1) = \frac{\rho_1^k(1 - \rho_1^N)}{1 - \rho_1} P_{au}(1, 1), \quad k = 0, 1, 2, \cdots.$$

其中，

$$P_{au}(1, 1) = \left[\frac{1 - (N + 1)\rho_0^N + N\rho_0^{N+1}}{\rho_0^N(1 - \rho_0)^2} \frac{\mu_1}{\mu_0} + \frac{N}{1 - \rho_1} \right]^{-1}.$$

证明　根据状态转移图可以写出以下平衡方程：

$$(\lambda_1 + \mu_1)P_{au}(1, 1) = \mu_1 P_{au}(2, 1), \tag{3.12}$$

$$(\lambda_1 + \mu_1)P_{au}(k, 1) = \lambda_1 P_{au}(k - 1, 1) + \mu_1 P_{au}(k + 1, 1),$$
$$k = 2, 3, \cdots, N - 1, \tag{3.13}$$

$$(\lambda_1 + \mu_1)P_{au}(N, 1) = \lambda_0 P_{au}(N - 1, 0) + \lambda_1 P_{au}(N - 1, 1) + \mu_1 P_{au}(N + 1, 1), \tag{3.14}$$

$$(\lambda_1 + \mu_1)P_{au}(N + k, 1) = \lambda_1 P_{au}(N + k - 1, 1) + \mu_1 P_{au}(N + k + 1, 1),$$
$$k = 1, 2, \cdots, \tag{3.15}$$

$$\lambda_0 P_{au}(0, 0) = \mu_1 P_{au}(1, 1) + \mu_0 P_{au}(1, 0), \tag{3.16}$$

$$(\mu_0 + \lambda_0)P_{au}(k, 0) = \lambda_0 P_{au}(k - 1, 0) + \mu_0 P_{au}(k + 1, 0),$$
$$k = 1, 2, \cdots, N - 2, \tag{3.17}$$

$$(\lambda_0 + \mu_0)P_{au}(N - 1, 0) = \lambda_0 P_{au}(N - 2, 0). \tag{3.18}$$

式 (3.12) 可以变形为：

$$P_{au}(2, 1) = (1 + \rho_1)P_{au}(1, 1). \tag{3.19}$$

由式 (3.13) 可得：

$$P_{au}(k, 1) - P_{au}(k - 1, 1) = \rho_1(P_{au}(k - 1, 1) - P_{au}(k - 2, 1))$$
$$= \rho_1^{k-2}(P_{au}(2, 1) - P_{au}(1, 1)), \quad k = 3, \cdots, N. \tag{3.20}$$

将式(3.19)代入式(3.20)，可以得到：

$$P_{au}(k, 1) = P_{au}(k-1, 1) + \rho_1^{k-1} P_{au}(1, 1)$$

$$= \frac{1-\rho_1^k}{1-\rho_1} P_{au}(1, 1), \quad k = 3, \cdots, N.$$

由于当 $k = 1$，2 时，上式依然成立，有：

$$P_{au}(k, 1) = \frac{1-\rho_1^k}{1-\rho_1} P_{au}(1, 1), \quad k = 1, 2, \cdots, N. \tag{3.21}$$

由式(3.17)可得：

$$P_{au}(k, 0) - P_{au}(k-1, 0) = \rho_0 (P_{au}(k-1, 0) - P_{au}(k-2, 0))$$

$$= \rho_0^{k-1} (P_{au}(1, 0) - P_{au}(0, 0)), \quad k = 2, \cdots, N-1. \tag{3.22}$$

式(3.22)可以变形为：

$$P_{au}(k, 0) = P_{au}(k-1, 0) + \rho_0^{k-1} (P_{au}(1, 0) - P_{au}(0, 0))$$

$$= \frac{1-\rho_0^k}{1-\rho_0} P_{au}(1, 0) - \rho_0 \frac{1-\rho_0^{k-1}}{1-\rho_0} P_{au}(0, 0), \quad k = 2, \cdots, N-1. \tag{3.23}$$

由式(3.18)可得：

$$P_{au}(N-1, 0) - P_{au}(N-2, 0) = -\frac{1}{\rho_0} P_{au}(k, 0). \tag{3.24}$$

令式(3.22)中 $k = N - 2$，并与式(3.23)联立，可得：

$$P_{au}(N-1, 0) = \rho_0^{N-1} (P_{au}(0, 0) - P_{au}(1, 0)). \tag{3.25}$$

令式(3.23)中 $k = N - 1$，并与式(3.24)联立，可以得到 $P_{au}(1, 0)$ 和 $P_{au}(0, 0)$ 的关系，即

$$P_{au}(1, 0) = \frac{\rho_0 - \rho_0^N}{1 - \rho_0^N} P_{au}(0, 0). \tag{3.26}$$

与式(3.16)联立，有

$$P_{au}(0, 0) = \frac{1-\rho_0^N}{\rho_0^N (1-\rho_0)} \frac{\mu_1}{\mu_0} P_{au}(1, 1).$$

故有

$$P_{\mathrm{au}}(k,\ 0) = \frac{\rho_0^k - \rho_0^N}{\rho_0^N(1 - \rho_0)}\frac{\mu_1}{\mu_0}P_{\mathrm{au}}(1,\ 1),\qquad k = 0,\ 1,\ \cdots,\ N - 1. \qquad (3.27)$$

由式(3.15)，有

$$P_{\mathrm{au}}(N + k,\ 1) - P_{\mathrm{au}}(N + k - 1,\ 1) = \rho_1^{k-1}(P_{\mathrm{au}}(N,\ 1) - P_{\mathrm{au}}(N - 1,\ 1)). \tag{3.28}$$

令式(3.21)中 $k = N - 1$，与式(3.14)联立，有

$$P_{\mathrm{au}}(N + 1,\ 1) - P_{\mathrm{au}}(N,\ 1) = \rho_1^N P_{\mathrm{au}}(1,\ 1) - \frac{\lambda_0}{\mu_1}P_{\mathrm{au}}(N - 1,\ 0). \qquad (3.29)$$

令式(3.27)中 $k = N - 1$，结合式(3.29)，式(3.28) 可以写为：

$$P_{\mathrm{au}}(N + k,\ 1) = \frac{\rho_1^k(1 - \rho_1^N)}{1 - \rho_1}P_{\mathrm{au}}(1,\ 1),\qquad k = 0,\ 1,\ 2,\ \cdots.$$

根据标准概率归一化条件，可得到 $P_{\mathrm{au}}(1,\ 1)$。证毕。

根据定理 3.5，顾客来到系统时系统处于 0 状态的概率为：

$$\begin{aligned}
P_0 &= \sum_{k=0}^{N-1} P_{\mathrm{au}}(k,\ 0) \\
&= \frac{1 - (N + 1)\rho_0^N + N\rho_0^{N+1}}{\rho_0^N(1 - \rho_0)^2}\frac{\mu_1}{\mu_0}P_{\mathrm{au}}(1,\ 1).
\end{aligned} \qquad (3.30)$$

系统处于 1 状态的概率为：

$$\begin{aligned}
P_1 &= \sum_{k=1}^{N-1} P_{\mathrm{au}}(k,\ 1) + \sum_{k=0}^{+\infty} P_{\mathrm{au}}(N + k,\ 1) + \sum_{k=0}^{+\infty}\frac{\rho_1^k(1 - \rho_1^N)}{1 - \rho_1}P_{\mathrm{au}}(1,\ 1) \\
&= \frac{N}{1 - \rho_1}P_{\mathrm{au}}(1,\ 1).
\end{aligned} \qquad (3.31)$$

3.4.1　顾客均衡策略

由本章 3.1 节的假设可知，在均衡条件下，顾客在 0 状态都会加入系统，所以顾客在 0 状态的来到率 $\lambda_0 = \lambda$。标记一个顾客，此顾客在系统状态为 1 时来到并加入系统。其期望逗留时间为：

$$\mathrm{E}[W_{\mathrm{au},\ 1}\,|\,I = 1] = \frac{\displaystyle\sum_{k=1}^{N-1}\frac{k+1}{\mu_1}P_{\mathrm{au}}(k,\ 1) + \sum_{k=0}^{+\infty}\frac{N+k+1}{\mu_1}P_{\mathrm{au}}(N + k,\ 1)}{P_1}$$

$$= \frac{N+1}{2\mu_1} + \frac{1}{\mu_1 - \lambda_1}.$$

从上式可以看出，由于转换门限 N 和工作休假的存在，顾客在 1 状态来到并加入系统的期望等待时间 $\mathrm{E}[W_{\mathrm{au}}(I=1) \mid I=1]$ 是服务率为 μ_1 的标准 $M/M/1$ 排队系统的期望等待时间加上 $\frac{N+1}{2\mu_1}$。$\mathrm{E}[W_{\mathrm{au}}(I=1) \mid I=1]$ 独立于 λ_0，随 λ_1 的增大而增大。因此，根据"收益 - 成本"结构，至多存在一个顾客均衡策略。

定理 3.6   在几乎不可见 N- 策略工作休假 $M/M/1$ 排队系统中，若所有顾客根据相同的混合策略 (q_0, q_1) 选择是否加入系统，则顾客的均衡策略，即顾客的均衡来到率为：

$$\lambda_{0\mathrm{e}} = \lambda,$$

$$\lambda_{1\mathrm{e}} = \begin{cases} 0, & \dfrac{R\mu_1}{C} < \dfrac{N+3}{2} \\[4mm] \mu_1 - \dfrac{\mu_1}{\dfrac{R\mu_1}{C} - \dfrac{N+1}{2\mu_1}}, & \text{其他} \end{cases}$$

证明   顾客在 0 状态都会加入系统，故有 $q_0 = 1$，$\lambda_{0\mathrm{e}} = \lambda$。

顾客在 1 状态的条件期望逗留时间随 λ_1 增大而增大，若 $R - C\left(\dfrac{N+1}{2\mu_1} + \dfrac{1}{\mu_1}\right) < 0$，即 $\dfrac{R\mu_1}{C} < \dfrac{N+3}{2}$，不存在正的均衡到达率。反之，顾客在 1 状态的净收益为：

$$U_{\mathrm{au},1} = R - C\left(\frac{N+1}{2\mu_1} + \frac{1}{\mu_1 - \lambda_1}\right).$$

故均衡来到率为：

$$\lambda_{1\mathrm{e}} = \mu_1 - \frac{\mu_1}{\dfrac{R\mu_1}{C} - \dfrac{N+1}{2\mu_1}}.$$

证毕。

3.4.2 社会最优策略

下面，分析使社会福利最大化的顾客来到率 $\lambda_0^*(0 \leqslant \lambda_0^* \leqslant \lambda)$，$\lambda_1^*(0 \leqslant \lambda_1^* \leqslant$

λ) 及社会最优福利 $SW_{au}^*(\lambda_0^*,\ \lambda_1^*)$ 。

当系统处于 0 状态时，系统的平均队长 $E[L_{au,\ 0}(\lambda_0,\ \lambda_1)]$ 为：

$$E[L_{au,\ 0}(\lambda_0,\ \lambda_1)] = \sum_{k=0}^{N-1} kP_{au}(k,\ 0)$$
$$= \frac{P_{au}(1,\ 1)}{\rho_0^N(1-\rho_0)} \frac{\mu_1}{\mu_0}\left(\rho_0 \frac{1 - N\rho_0^{N-1} + (N-1)\rho_0^N}{(1-\rho_0)^2} - \frac{N(N-1)}{2}\rho_0^N\right).$$

当系统处于 1 状态时，系统的平均队长 $E[L_{au,\ 1}(\lambda_0,\ \lambda_1)]$ 为：

$$E[L_{au,\ 1}(\lambda_0,\ \lambda_1)] = \sum_{k=1}^{N-1} kP_{au}(k,\ 1) + \sum_{k=0}^{+\infty} (N+k)P_{au}(N+k,\ 1)$$
$$= \frac{P_{au}(1,\ 1)}{1-\rho_1}\left(\frac{N(N+1)}{2} + \frac{N\rho_1}{1-\rho_1}\right).$$

系统的平均队长 $E[L_{au}(\lambda_0,\ \lambda_1)]$ 为：

$$E[L_{au}(\lambda_0,\ \lambda_1)] = E[L_{au,\ 0}(\lambda_0,\ \lambda_1)] + E[L_{au,\ 1}(\lambda_0,\ \lambda_1)].$$

根据式(3.30)和式(3.31)，系统的有效到达率为：

$$\bar{\lambda} = \lambda_0 P_0 + \lambda_1 P_1.$$

根据 Little's Law，顾客的期望逗留时间 $E[W_{au}(\lambda_0,\ \lambda_1)]$ 为：

$$E[W_{au}(\lambda_0,\ \lambda_1)] = \frac{E[L_{au}(\lambda_0,\ \lambda_1)]}{\bar{\lambda}}.$$

单位时间的社会福利 $SW_{au}(\lambda_0,\ \lambda_1)$ 为：

$$SW_{au}(\lambda_0,\ \lambda_1) = \bar{\lambda}(R - CE[W_{au}(\lambda_0,\ \lambda_1)])$$
$$= R(\lambda_0 P_0 + \lambda_1 P_1) - CE[L_{au}(\lambda_0,\ \lambda_1)].$$

社会福利表达式是一个复杂非线性的表达式，涉及较多参数(N, μ_0, μ_1, ν)。我们的目的是寻找最优社会福利和使得社会福利最大的最优加入率(λ_0^*, λ_1^*)，社会福利最大化问题可以描述为：

$$SW_{au}^*(\lambda_0^*,\ \lambda_1^*) = \max_{\lambda_0,\ \lambda_1 \in [0,\ \lambda]} SW_{au}(\lambda_0,\ \lambda_1).$$

3.5　完全不可见情况

完全不可见情况下，顾客在 t 时刻来到后没有任何系统信息，既不知道系统服

务台的状态 $I(t)$，也不知道系统中顾客数 $N(t)$。顾客来到系统后，根据混合策略 $q(0 < q < 1)$ 加入系统。此排队系统为二维无限状态马尔可夫链，状态空间为：

$$\Omega_{\text{fu}} = \{(i, 0), i = 0, 1, \cdots, N-1\} \cup \{(j, 1), j = 1, 2, \cdots\}.$$

令 $\lambda_{\text{fu}} = q\lambda$ 表示顾客的来到率，系统的状态转移图如图 3.6 所示：

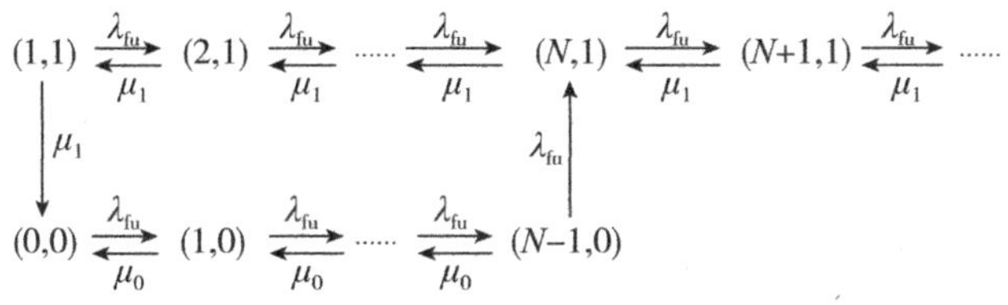

图 3.6 完全不可见情况下的系统状态转移图

令 $\rho_1 = \dfrac{\lambda_{\text{fu}}}{\mu_1}$, $\rho_0 = \dfrac{\lambda_{\text{fu}}}{\mu_0}$, $P_{\text{fu}}(k, i)$ ($(k, i) \in \Omega_{\text{fu}}$) 表示完全不可见情况下系统的稳态概率，定理 3.7 给出完全不可见情况下系统的稳态概率分布。

定理 3.7 在完全不可见 N- 策略工作休假 $M/M/1$ 排队系统中，若所有的顾客根据混合策略 $q(0 \leqslant q \leqslant 1)$ 选择是否加入系统，则系统的稳态分布为：

$$P_{\text{fu}}(k, 0) = \frac{\rho_0^k - \rho_0^N}{\rho_0^N(1 - \rho_0)} \frac{\mu_1}{\mu_0} P_{\text{fu}}(1, 1), \quad k = 0, 1, \cdots, N-1,$$

$$P_{\text{fu}}(k, 1) = \frac{1 - \rho_1^k}{1 - \rho_1} P_{\text{fu}}(1, 1), \quad k = 1, 2, \cdots, N,$$

$$P_{\text{fu}}(N + k, 1) = \frac{\rho_1^k(1 - \rho_1^N)}{1 - \rho_1} P_{\text{fu}}(1, 1), \quad k = 0, 1, 2, \cdots.$$

其中，

$$P_{\text{fu}}(1, 1) = \left[\frac{1 - (N+1)\rho_0^N + N\rho_0^{N+1}}{\rho_0^N(1 - \rho_0)^2} \frac{\mu_1}{\mu_0} + \frac{N}{1 - \rho_1} \right]^{-1}.$$

证明 根据状态转移图可以写出以下平衡方程：

$$(\lambda_{\mathrm{fu}} + \mu_1) P_{\mathrm{fu}}(1, 1) = \mu_1 P_{\mathrm{fu}}(2, 1),$$

$$(\lambda_{\mathrm{fu}} + \mu_1) P_{\mathrm{fu}}(k, 1) = \lambda_{\mathrm{fu}} P_{\mathrm{fu}}(k-1, 1) + \mu_1 P_{\mathrm{fu}}(k+1, 1),$$

$$k = 2, 3, \cdots, N-1,$$

$$(\lambda_{\mathrm{fu}} + \mu_1) P_{\mathrm{fu}}(N, 1) = \lambda_{\mathrm{fu}} P_{\mathrm{fu}}(N-1, 0) + \lambda_{\mathrm{fu}} P_{\mathrm{fu}}(N-1, 1) + \mu_1 P_{\mathrm{fu}}(N+1, 1),$$

$$(\lambda_{\mathrm{fu}} + \mu_1) P_{\mathrm{fu}}(N+k, 1) = \lambda_{\mathrm{fu}} P_{\mathrm{fu}}(N+k-1, 1) + \mu_1 P_{\mathrm{fu}}(N+k+1, 1),$$

$$k = 1, 2, \cdots,$$

$$\lambda_{\mathrm{fu}} P_{\mathrm{fu}}(0, 0) = \mu_1 P_{\mathrm{fu}}(1, 1) + \mu_0 P_{\mathrm{fu}}(1, 0),$$

$$(\mu_0 + \lambda_{\mathrm{fu}}) P_{\mathrm{fu}}(k, 0) = \lambda_{\mathrm{fu}} P_{\mathrm{fu}}(k-1, 0) + \mu_0 P_{\mathrm{fu}}(k+1, 0),$$

$$k = 1, 2, \cdots, N-2,$$

$$(\lambda_{\mathrm{fu}} + \mu_0) P_{\mathrm{fu}}(N-1, 0) = \lambda_{\mathrm{fu}} P_{\mathrm{fu}}(N-2, 0).$$

完全不可见情况下的平衡方程与几乎不可见情况下的平衡方程类似，用求解定理 3.5 的方法求解平衡方程，可以得到完全不可见排队系统的稳态概率。证毕。

系统的平均队长 $\mathrm{E}[L_{\mathrm{fu}}(\lambda_{\mathrm{fu}})]$ 为：

$$
\begin{aligned}
\mathrm{E}[L_{\mathrm{fu}}(\lambda_{\mathrm{fu}})] &= \sum_{k=1}^{N-1} k P_{\mathrm{fu}}(k, 0) + \sum_{k=1}^{N} k P_{\mathrm{fu}}(k, 1) + \sum_{k=1}^{+\infty} (N+k) P_{\mathrm{fu}}(N+k, 1) \\
&= \left[\frac{1}{\rho_0^N (1-\rho_0)} \frac{\mu_1}{\mu_0} \left(\rho_0 \frac{1 - N\rho_0^{N-1} + N\rho_0^N - \rho_0^N}{(1-\rho_0)^2} - \frac{N(N-1)}{2} \rho_0^N \right) \right. \\
&\quad \left. + \frac{1}{1-\rho_1} \left(\frac{N(N+1)}{2} + \frac{N\rho_1}{1-\rho_1} \right) \right] P_{\mathrm{fu}}(1, 1).
\end{aligned}
$$

根据 Little's Law，顾客的期望逗留时间 $\mathrm{E}[W_{\mathrm{fu}}(\lambda_{\mathrm{fu}})]$ 为：

$$\mathrm{E}[W_{\mathrm{fu}}(\lambda_{\mathrm{fu}})] = \frac{\mathrm{E}[L_{\mathrm{fu}}(\lambda_{\mathrm{fu}})]}{\lambda_{\mathrm{fu}}}.$$

顾客的期望净收益为：

$$U_{\mathrm{fu}}(\lambda_{\mathrm{fu}}) = R - C\mathrm{E}[W_{\mathrm{fu}}(\lambda_{\mathrm{fu}})].$$

由 PASTA 性质，单位时间的社会福利为：

$$
\begin{aligned}
\mathrm{SW}_{\mathrm{fu}}(\lambda_{\mathrm{fu}}) &= \lambda_{\mathrm{fu}}(R - C\mathrm{E}[W_{\mathrm{fu}}(\lambda_{\mathrm{fu}})]) \\
&= R\lambda_{\mathrm{fu}} - C\mathrm{E}[L_{\mathrm{fu}}(\lambda_{\mathrm{fu}})].
\end{aligned}
$$

我们的目的是寻找最优社会福利和使得社会福利最大的最优加入率 λ_{fu}^*，社会

福利最大化问题可以描述为:

$$SW_{fu}^*(\lambda_{fu}^*) = \max_{\lambda_{fu} \in [0, \lambda]} SW_{fu}(\lambda_{fu}).$$

3.6 数 值 算 例

本部分基于以上研究结论,分析完全可见、几乎可见、几乎不可见和完全不可见情况下系统各个参数对顾客最优策略和社会最优福利的影响。

图 3.7 至图 3.10 描述了在完全可见情况下,系统各个参数(N,ρ_0,ρ_1,ν)顾客最优止步门限 n^* 和最优社会福利 SW_{fo}^* 的影响。在图 3.7 中,无论 ρ_0 大于 1 还是小于 1,顾客的最优止步门限 n^* 都随 N 的增大单调不减,最优社会福利 SW_{fo}^* 都随 N 的增大而减小。在图 3.8 中,顾客的最优止步门限 n^* 随 ρ_0 的增大单调不减,最优社会福利 SW_{fo}^* 随着 ρ_0 的增大而减小。ρ_0 对社会福利的影响有双面性,一方面,ρ_0 的增大会造成工作休假期间系统拥堵,另一方面,ρ_0 的增大会使系统更快转换到正常工作状态。在 ν,ρ_1 和 N 不变的情况下,ρ_0 的增大表明服务台在工作休假期间的

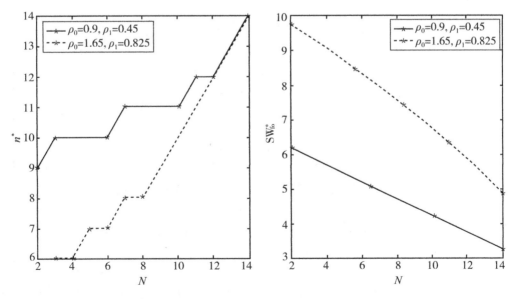

图 3.7 完全可见情况下,N 对 n^* 和 SW_{fo}^* 的影响($\nu = 16$)

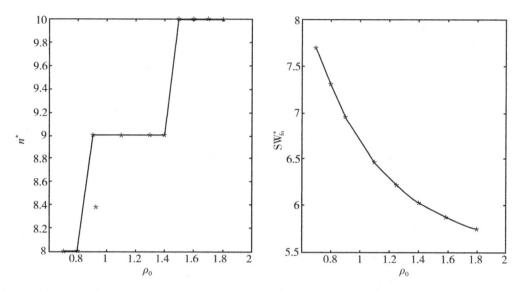

图 3.8   完全可见情况下，ρ_0 对 n^* 和 SW_{fo}^* 的影响($\nu = 16$, $\rho_1 = 0.6$, $N = 7$)

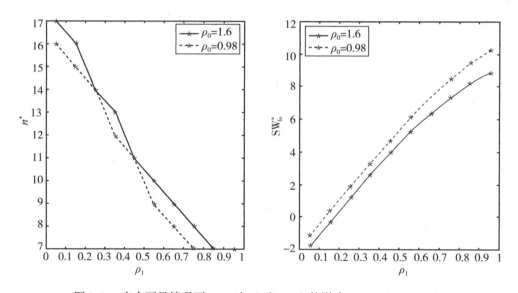

图 3.9   完全可见情况下，ρ_1 对 n^* 和 SW_{fo}^* 的影响($\nu = 16$, $N = 7$)

服务率减小，因此，社会最优福利 SW_{fo}^* 随 ρ_0 的增大而减小。图 3.9 表明，当 ν 和 N 固定时，无论 ρ_0 大于 1 还是小于 1，顾客的最优止步门限 n^* 都随 ρ_1 的增大而减小，最优社会福利$\mathrm{SW}_{\mathrm{fo}}^{*}$都随着$\rho_1$的增大而增大。图3.10表明，当$N$、$\rho_0$和$\rho_1$固定时，无论$\rho_0$大于1还是小于1，顾客的最优止步门限$n^{*}$和最优社会福利$\mathrm{SW}_{\mathrm{fo}}^{*}$都随着$\nu$的增大而增大。

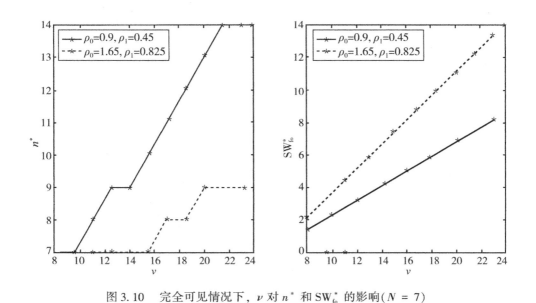

图3.10　完全可见情况下，ν对n^{*}和$\mathrm{SW}_{\mathrm{fo}}^{*}$的影响（$N=7$）

图3.11至图3.14描述了各个系统参数（N，ρ_0，ρ_1，ν）对几乎可见排队系统中最优止步门限n^{*}和最优社会福利$\mathrm{SW}_{\mathrm{ao}}^{*}$的影响。在图3.11中，无论$\rho_0$大于1还是小于1，顾客的最优止步门限$n^{*}$都随$N$的增大单调不减，最优社会福利$\mathrm{SW}_{\mathrm{ao}}^{*}$都随$N$的增大而减小。在图3.12中，顾客的最优止步门限$n^{*}$随$\rho_0$的增大单调不减，最优社会福利$\mathrm{SW}_{\mathrm{ao}}^{*}$随着$\rho_0$的增大而减小。在图3.13中，顾客的最优止步门限$n^{*}$随$\rho_1$的增大而减小，最优社会福利$\mathrm{SW}_{\mathrm{ao}}^{*}$随着$\rho_1$的增大而增大。在图3.14中，顾客的最优止步门限$n^{*}$和最优社会福利$\mathrm{SW}_{\mathrm{ao}}^{*}$都随着$\nu$的增大而增大。

图3.15至图3.18描述了几乎不可见情况下，系统各个参数（N，μ_0，μ_1，ν）对最优来到率λ_0^{*}，λ_1^{*}和最优社会福利$\mathrm{SW}_{\mathrm{au}}^{*}$的影响。从图3.15可以看出，无论顾客的潜在来到率大于μ_0还是小于μ_0，最优社会福利$\mathrm{SW}_{\mathrm{au}}^{*}$都随着$N$的增大而减小。当顾客的潜在来到率小于$\mu_0$时，顾客在正常工作状态的最优策略都为全部加入，在工

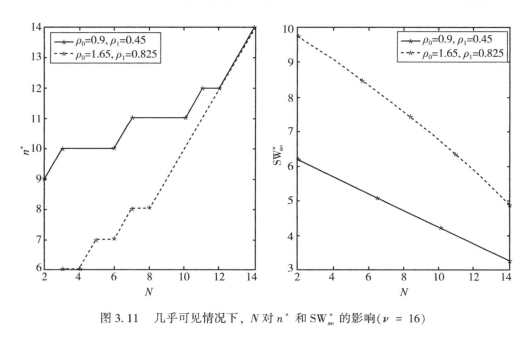

图 3.11　几乎可见情况下，N 对 n^* 和 $\mathrm{SW}_{\mathrm{ao}}^*$ 的影响（$\nu = 16$）

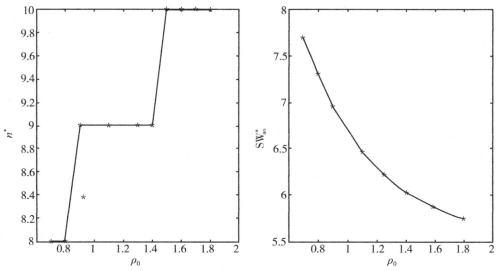

图 3.12　几乎可见情况下，ρ_0 对 n^* 和 $\mathrm{SW}_{\mathrm{ao}}^*$ 的影响（$\nu = 16$，$\rho_1 = 0.6$，$N = 7$）

作休假期间，当 N 较小时，顾客的最优策略也是全部加入，随着 N 的增大，顾客在休假期间的最优策略是部分加入；当顾客的潜在来到率大于 μ_0 时，顾客在休假期间

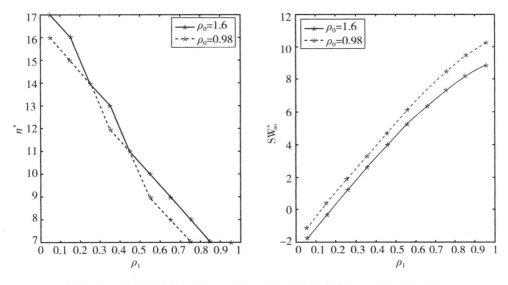

图 3.13　几乎可见情况下，ρ_1 对 n^* 和 SW_{ao}^* 的影响 ($\nu = 16$, $N = 7$)

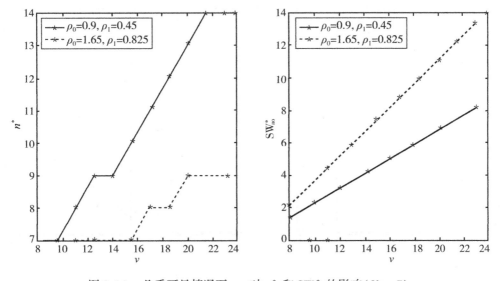

图 3.14　几乎可见情况下，ν 对 n^* 和 SW_{ao}^* 的影响 ($N = 7$)

的最优策略都为全部加入，在正常工作状态的最优策略是部分加入，且随 N 的增大而减小。从图 3.16 可以看出，无论顾客的潜在来到率大于 μ_0 还是小于 μ_0，顾客在

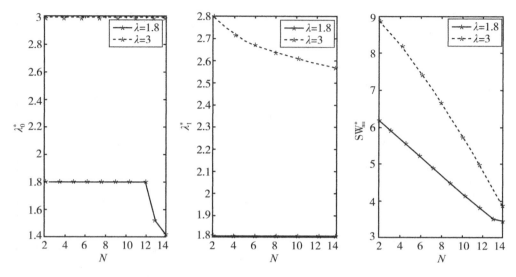

图 3.15   几乎不可见情况下，N 对 λ_0^*，λ_1^* 和 $\mathrm{SW}_{\mathrm{au}}^*$ 的影响($\nu = 16$，$\mu_0 = 2$，$\mu_1 = 4$)

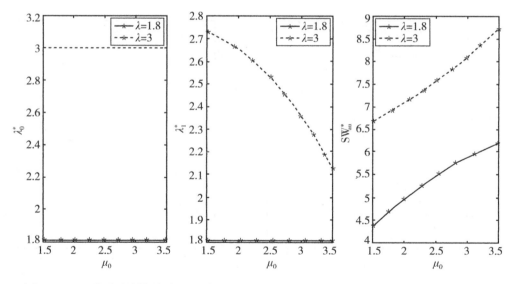

图 3.16   几乎不可见情况下，μ_0 对 λ_0^*，λ_1^* 和 $\mathrm{SW}_{\mathrm{au}}^*$ 的影响($\nu = 16$，$\mu_1 = 4$，$N = 7$)

工作休假期间的最优策略都为全部加入，社会最优福利 $\mathrm{SW}_{\mathrm{au}}^*$ 随着 μ_0 的增大而增大。当顾客的潜在来到率小于 μ_0 时，顾客在正常工作状态的最优策略为全部加入。

当顾客的潜在来到率大于 μ_0 时，顾客在正常工作状态的最优策略是部分加入，且正常工作状态下的最优策略随 μ_0 的增大而减小。从图 3.17 可以看出，无论顾客的潜在来到率大于 μ_0 还是小于 μ_0，顾客在休假期间的最优策略都为全部加入，社会最优福利 $\mathrm{SW}_{\mathrm{au}}^*$ 随着 μ_1 的增大而减小。当顾客的潜在来到率小于 μ_0 时，顾客在正常工作状态的最优策略为全部加入。当顾客的潜在来到率大于 μ_0 时，顾客在正常工作状态的最优策略是部分加入，且正常工作状态下的最优策略随 μ_1 的增大而增大。根据直觉，社会最优福利应当随着 μ_1 的增大而增大，但在此图中恰好相反。这是因为此图中 ν 固定，μ_1 的增大表明社会福利的减小或者等待成本的增加，正常工作状态下服务率增加带来的社会福利小于 R 的减小或者 C 的增加带来的收益损失，因此，社会最优福利随 μ_1 的增大而减小。从图 3.18 可以看出，无论顾客的潜在来到率大于 μ_0 还是小于 μ_0，顾客在休假期间的最优策略都为全部加入，社会最优福利 $\mathrm{SW}_{\mathrm{au}}^*$ 随着 ν 的增大而增大。当顾客的潜在来到率小于 μ_0 时，顾客在正常工作状态的最优策略为全部加入。当顾客的潜在来到率大于 μ_0 时，顾客在正常工作状态的最优策略是部分加入，且正常工作状态下的最优策略随 ν 的增大而增大。

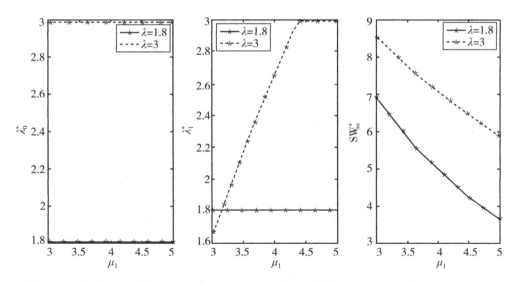

图 3.17　几乎不可见情况下，μ_1 对 λ_0^*，λ_1^* 和 $\mathrm{SW}_{\mathrm{au}}^*$ 的影响($\nu=16$，$\mu_0=2$，$N=7$)

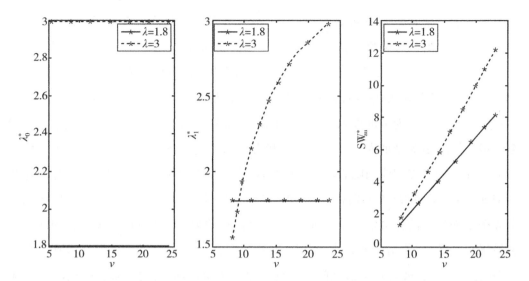

图 3.18　几乎不可见情况下，ν 对 λ_0^*，λ_1^* 和 SW_{au}^* 的影响（$\mu_0 = 2$，$\mu_1 = 4$，$N = 7$）

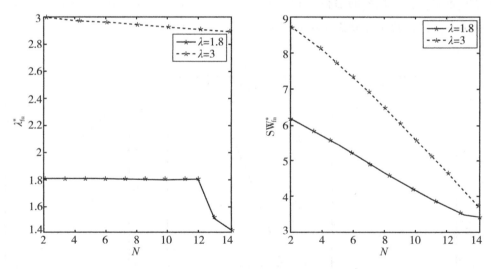

图 3.19　完全不可见情况下，N 对 λ_{fu}^* 和 SW_{fu}^* 的影响（$\nu = 16$，$\mu_0 = 2$，$\mu_1 = 4$）

图 3.19 至图 3.22 描述了完全不可见情况下，系统各个参数（N，μ_0，μ_1，ν）对最优来到率 λ_{fu}^* 和最优社会福利 SW_{fu}^* 的影响。从图 3.19 可以看出，无论顾客的潜在来到率大于 μ_0 还是小于 μ_0，最优社会福利 SW_{fu}^* 都随着 N 的增大而减小。当顾客的

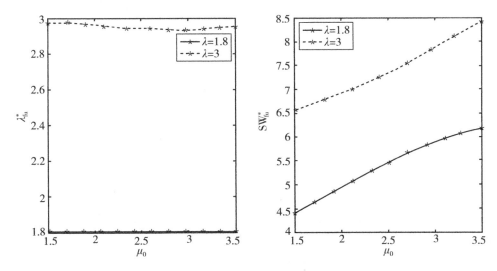

图 3.20　完全不可见情况下，μ_0 对 λ_{fu}^* 和 SW_{fu}^* 的影响($\nu = 16$，$\mu_1 = 4$，$N = 7$)

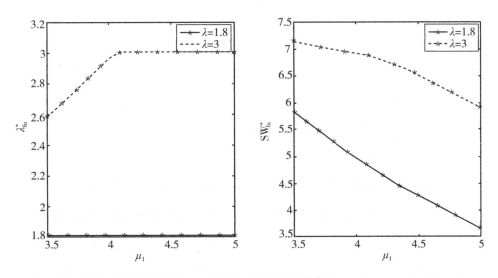

图 3.21　完全不可见情况下，μ_1 对 λ_{fu}^* 和 SW_{fu}^* 的影响($\nu = 16$，$\mu_0 = 2$，$N = 7$)

潜在来到率小于 μ_0 且 N 较小时，顾客的最优策略是全部加入，随着 N 的增大，顾客的最优策略是部分加入。当顾客的潜在来到率大于 μ_0 时，顾客的最优策略是部分加

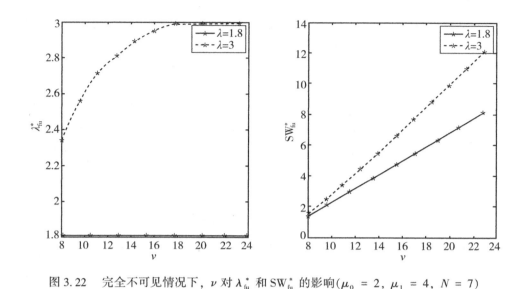

图 3.22　完全不可见情况下，ν 对 λ_{fu}^* 和 SW_{fu}^* 的影响($\mu_0 = 2$，$\mu_1 = 4$，$N = 7$)

入。从图 3.20 可以看出，无论顾客的潜在来到率大于 μ_0 还是小于 μ_0，社会最优福利 SW_{fu}^* 都随着 μ_0 的增大而增大。当顾客的潜在来到率小于 μ_0 时，顾客的最优策略为全部加入。当顾客的潜在来到率大于 μ_0 时，顾客的最优策略是部分加入。从图 3.21 可以看出，无论顾客的潜在来到率大于 μ_0 还是小于 μ_0，社会最优福利 SW_{fu}^* 都随着 μ_1 的增大而减小。当顾客的潜在来到率小于 μ_0 时，顾客的最优策略为全部加入。当顾客的潜在来到率大于 μ_0 时，顾客的最优策略是部分加入，且随着 μ_1 的增大，顾客的最优策略为全部加入。根据直觉，社会最优福利应当随着 μ_1 的增大而增大，但在此图中恰好相反。这是因为此图中 ν 固定，μ_1 的增大表明收益 R 的减小或者等待成本 C 的增加，正常工作状态下服务率增加带来的社会福利小于 C 的减小或者 C 的增加带来的收益损失，因此，社会最优福利随 μ_1 的增大而减小。从图 3.22 可以看出，无论顾客的潜在来到率大于 μ_0 还是小于 μ_0，社会最优福利 SW_{fu}^* 都随着 ν 的增大而增大。当顾客的潜在来到率小于 μ_0 时，顾客的最优策略为全部加入。当顾客的潜在来到率大于 μ_0 时，顾客的最优策略是部分加入，且随着 ν 的增大，顾客的最优策略为全部加入。

3.7 小 结

本章研究了 N- 策略工作休假 $M/M/1$ 排队系统中完全可见、几乎可见、几乎不可见和完全不可见情况下的顾客均衡策略和社会最优策略。结果表明，首先，在四种信息水平下，转换门限 N 的增大会降低社会最优福利。其次，在四种信息水平下，增大顾客接受服务期间的单位时间收益 ν 可以提高社会最优福利。最后，若 N 和 ν 固定，增大工作休假服务率 μ_0（或者降低工作休假期间的系统负载 ρ_0）和系统在正常工作状态的负载 ρ_1（或者降低正常工作状态服务率 μ_1）可以提高社会最优福利。

第4章 工作休假和伯努利休假中断排队系统中的顾客策略分析

工作休假机制的引入有效避免了系统为空时服务台空转带来的浪费，也避免了服务台休假期间来到系统的顾客等待时间过长的问题。一般的（工作）休假排队模型通常假设只有服务台休假完成，系统才转换到正常工作状态。但是，在现实生活中，突发事件时有发生，正在休假的服务台休假期有可能会被迫中断(Li 和 Tian，2007)。例如，在自然灾害或者严重交通事故发生时，有许多伤员需要及时处置。这时，正在休假的医护人员就会被迫终止休假，回来救治伤员。再例如，病毒扫描和系统维护对保持提供网络服务的服务器的稳定性和安全性至关重要，在病毒扫描和系统维护的过程中，服务器保留部分工作能力，以较低的速率处理数据。一旦紧急事件出现，服务器就不得不终止病毒扫描和系统维护，以全部工作能力处理数据。本章研究了工作休假和伯努利休假中断的马尔可夫排队模型，基于"收益 - 成本"函数，分析了完全可见、几乎不可见和完全不可见情况下的顾客均衡策略和最优收益。通过数值算例，对比了顾客均衡策略和社会最优策略，并对社会最优福利做了分析。由于几乎可见情况下的顾客策略和社会福利求解过程比较复杂，本书未找到恰当的解决方案。笔者将会在今后的研究中，对几乎可见情况下的顾客策略和社会福利展开分析。

4.1 模 型 描 述

考虑一个单服务台马尔可夫排队系统，服务规则为先到先服务(FCFS)。顾客来到为参数为 λ 的泊松过程(Poisson process)，服务时间服从参数为 μ_0 或者 μ_1 的指数分布(μ_0 为工作休假期间的服务率，μ_1 为正常工作状态下的服务率，$\mu_0 < \mu_1$)。如果一个顾客来到时，系统为空，这个顾客将立即接受服务；否则，来到系统的顾客按照来到次序加入队列。在此模型中，引入工作休假和伯努利(Bernoulli schedule)休假中断机制。规则如下：一旦系统为空，服务台就开始工作休假。顾客来到后，若系统为空，则服务台立即以速率 μ_0 为此顾客提供服务。工作休假期间，在每一次服务完成的瞬间，如果系统中还有其他顾客，服务台可以概率 $p(0 < p < 1)$ 继续进行工作休假，即以概率 p 继续以速率 μ_0 立即为下一个顾客服务；也可以概率 $1 - p$ 结束工作休假，即以概率 $1 - p$ 和速率 μ_1 立即为下一个顾客服务。服务台一旦转换到正常工作状态，就将以正常工作服务率服务顾客直到下次休假(系统再次为空)。在此系统中，所有的独立条件成立，顾客一旦加入系统，在接受服务前就不可以退出。

令 $(N(t), I(t))(t > 0)$ 表示系统在时刻 t 的状态，其中，$N(t)$ 是 t 时刻系统中的顾客数，$I(t)$ 是 t 时刻服务台的状态，当 $I(t) = 0$ 时，服务台处于工作休假状态；$I(t) = 1$ 时，服务台处于正常工作状态。此二维连续时间马尔可夫链 $\{(N(t), I(t)), t > 0\}$ 的状态空间为：

$$\Omega = \{(0, 0)\} \cup \{(k, j), k \geqslant 1, j = 0, 1\}.$$

此马尔可夫链被称为初始模型，转移图如图 4.1 所示：

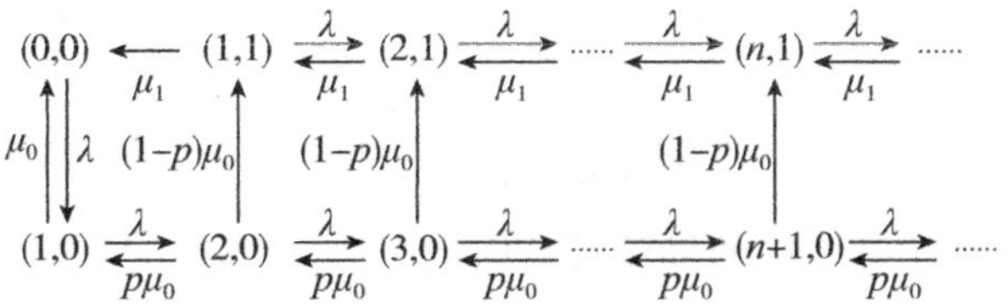

图 4.1 初始模型状态转移图

根据初始模型，可得到所有非 0 转移率如下：

$$q_{(n, i)(n+1, i)} = \lambda, \quad i = 0, 1, \quad n = i, i + 1, i + 2, \cdots,$$

$$q_{(1, 0)(0, 0)} = \mu_0,$$

$$q_{(1, 1)(0, 0)} = \mu_1,$$

$$q_{(n+1,0)(n,0)} = p\mu_0, \quad n = 1, 2, \cdots,$$

$$q_{(n+1,0)(n,1)} = (1-p)\mu_0, \quad n = 1, 2, \cdots,$$

$$q_{(n+1,1)(n,1)} = \mu_1, \quad n = 1, 2, \cdots.$$

本章中工作休假阶段以伯努利休假中断机制终止。因此，有必要给出在系统状态为 $(n, 0)$ 时来到系统的顾客最后以正常服务率接受服务的概率。

引理 4.1　假设一个顾客在系统状态为 $(n, 0)$ 时来到系统，此顾客以正常服务率 μ_1 接受服务的概率 $P_{0,1}$ 为：

$$P_{0,1} = 1 - p^n.$$

证明　此顾客以正常服务率 μ_1 接受服务，当且仅当休假中断发生在其接受服务前。因此，

$$P_{0,1} = \sum_{i=1}^{n} p^{i-1}(1-p) = 1 - p^n.$$

证毕。

引理 4.2　假设一个顾客在系统状态为 $(n, 0)$ $(n \geqslant 1)$ 时来到系统，并以正常服务率 μ_1 接受服务，则在其接受服务前以工作休假服务率 μ_0 接受服务的顾客数 N_0 为：

$$N_0 = \sum_{i=1}^{n} i p^{i-1}(1-p) = \frac{1 - (n+1)p^n + np^{n+1}}{1-p}.$$

顾客为同质的，来到系统后可以选择加入系统还是离开。服务完成后顾客可以获得 R 单位收益，在系统等待（包括接受服务的时间）过程中每单位时间成本为 C。令 U 为顾客的期望净收益，有：

$$U = R - CE[W],$$

其中，$E[W]$ 是顾客在系统中的期望等待时间。当 U 非负时，顾客选择加入系统接受服务，否则，顾客离开。对所有顾客来说，R，C，μ_0，μ_1，λ 和 p 已知。

这种情况可以被认为是顾客间的对称博弈，因为所有顾客是同质的。以下章节将对完全可见、几乎不可见和完全不可见情况下的顾客策略展开研究。

4.2　完全可见情况

在完全可见情况下，在 t 时刻来到系统的顾客知道服务台的状态 $I(t)$ 和系统中

顾客数 $N(t)$。下面分析完全可见情况下的顾客均衡策略和社会最优策略。

4.2.1 顾客均衡策略

在完全可见情况下，存在均衡止步门限策略 (n_{0e}, n_{1e})，使得如果顾客在 $0(1)$ 状态来到，当系统中顾客数不多于 $n_{0e}(n_{1e})$ 时，顾客加入系统，否则，顾客离开。

令 $n_{ie} \geq 1(i = 0, 1)$，否则模型退化为只有状态 $(0, 0)$ 或者永远留在 0 状态。以下定理给出了完全可见情况下的顾客均衡加入策略 (n_{0e}, n_{1e}) 的表达形式。

定理 4.1 在完全可见 $M/M/1$ 工作休假和伯努利休假中断排队系统中，若所有顾客根据相同的止步门限决定是否加入系统，顾客在 0 状态和 1 状态的均衡加入策略分别为：

$$n_{0e} = [x_e], \qquad n_{1e} = \left[\frac{R\mu_1}{C} - 1 \right],$$

其中，x_e 是以下方程的根：

$$\frac{1 - p^{x+1}}{\mu_0} + \frac{x(1 - p) - p(1 - p^x)}{\mu_1} = \frac{R(1 - p)}{C}.$$

证明 考虑一个在系统状态为 (n, i) 时来到系统的顾客，其期望净收益为：

$$U(n, i) = R - CE[W(n, i)],$$

其中，$E[W(n, i)]$ 是顾客在状态 (n, i) 到达并加入系统的期望等待时间。容易得到，在 1 状态来到系统的顾客的均衡止步门限 $n_{1e} = \dfrac{R\mu_1}{C}$，与 Naor(1969) 中给出的结果一致。若顾客在 0 状态来到，有以下方程成立：

$$E[W(0, 0)] = \frac{1}{\mu_0}, \tag{4.1}$$

$$E[W(1, 0)] = \frac{1}{\mu_0} + p\frac{1}{\mu_0} + (1 - p)\frac{1}{\mu_1}, \tag{4.2}$$

$$E[W(n, 1)] = \frac{n + 1}{\mu_1}, \quad n = 1, 2, \cdots, n_{1e}, \tag{4.3}$$

$$E[W(n, 0)] = \frac{1}{\mu_0} + pE[W(n - 1, 0)] + (1 - p)E[W(n - 1, 1)], \quad n = 2,$$

$$3, \cdots, n_{0e}. \tag{4.4}$$

通过变换式 (4.4) 并考虑方程式 (4.1) 至方程式 (4.3)，可以得到：

$$E[W(n, 0)] = \frac{1 - p^{n+1}}{\mu_0(1-p)} + \frac{n(1-p) - p(1-p^n)}{\mu_1(1-p)}$$

$$= \frac{1 - p^{n+1}}{1-p}\left(\frac{1}{\mu_0} - \frac{1}{\mu_1}\right) + \frac{n+1}{\mu_1}, \quad n = 1, 2, \cdots, n_{0e}. \quad (4.5)$$

下面，检验 n_{0e} 的存在性和唯一性。定义一个函数：

$$f(x) = R - C\left(\frac{1 - p^{x+1}}{\mu_0(1-p)} + \frac{x(1-p) - p(1-p^x)}{\mu_1(1-p)}\right), \quad x \in [0, +\infty).$$

由于 $\dfrac{\mathrm{d}f(x)}{\mathrm{d}x} < 0$，$f(x)$ 是 x 的单调递减函数，并且 $f(0) = R - C\dfrac{1}{\mu_0} > 0$，$\lim\limits_{x\to\infty} f(x)$

$= -\infty$。因此，存在唯一 x 使得 $f(x) = 0$，门限 n_{0e} 存在且唯一。证毕。

注 4.1　根据以上证明，顾客的期望逗留时间 $E[W(n, i)]$ 与 λ 独立。

注 4.2　$R > C\left(\dfrac{1}{\mu_0} + p\dfrac{1}{\mu_0} + (1-p)\dfrac{1}{\mu_1}\right)$ 是 $n_{ie} \geqslant 1(i = 0, 1)$ 的充要条件。

注 4.3　从 $E[W(n, 0)]$ 和 $E[W(n, 1)]$ 的表达式可以看出，$E[W(n, 0)] >$ $E[W(n, 1)]$。因此，$n_{0e} < n_{1e}$。

4.2.2　社会最优策略

本小节分析完全可见情况下的社会最优福利 $S_{fo}(n_0^*, n_1^*)$ 以及使得社会福利最优的顾客最优止步门限 n_0^* 和 n_1^*。此系统为有限状态马尔可夫链，其状态空间为：

$$\Omega_{fo} = \{(i, 0), i = 0, 1, \cdots, n_0 + 1\} \cup \{(j, 1), j = 1, 2, \cdots, n_1 + 1\}.$$

由定理 4.1 知，顾客在 1 状态来到并加入的期望逗留时间比在 0 状态来到的期望逗留时间短。因此，0 状态的止步门限小于 1 状态的止步门限。完全可见情况下的状态转移图如图 4.2 所示：

令 $\pi_{n, i} = \lim\limits_{t\to+\infty} P\{N(t) = n, I(t) = i\}$，$(n, i) \in \Omega_{fo}$，则 $\{\pi_{n, i}, (n, i) \in \Omega_{fo}\}$ 是过程 $\{(N(t), I(t)), t \geqslant 0\}$ 的稳态分布。系统的平衡方程如下：

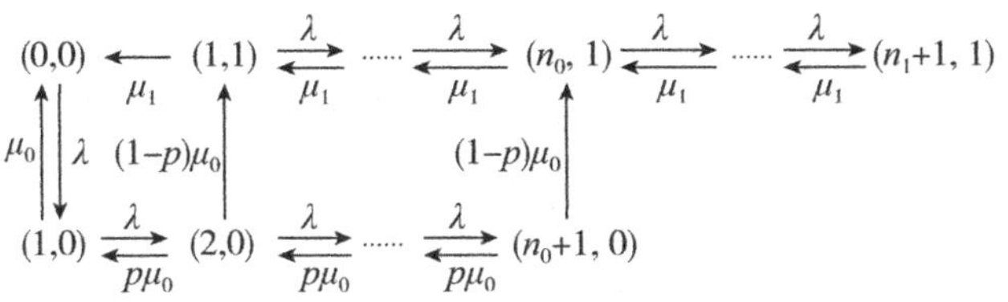

图 4.2 完全可见情况下的系统状态转移图

$$\lambda \pi_{0,0} = \mu_0 \pi_{1,0} + \mu_1 \pi_{1,1},$$

$$(\lambda + \mu_1) \pi_{1,1} = (1 - p) \mu_0 \pi_{2,0} + \mu_1 \pi_{2,1},$$

$$(\lambda + \mu_1) \pi_{n,1} = (1 - p) \mu_0 \pi_{n+1,0} + \lambda \pi_{n-1,1} + \mu_1 \pi_{n+1,1}, \quad n = 2, 3, \cdots, n_0,$$

$$\pi_{n,1} = \frac{\lambda}{\mu_1} \pi_{n-1,1}, \quad n = n_0 + 1, \cdots, n_1 + 1,$$

$$(\lambda + \mu_0) \pi_{n,0} = \lambda \pi_{n-1,0} + p \mu_0 \pi_{n+1,0}, \quad n = 1, 2, \cdots, n_0,$$

$$\mu_0 \pi_{n_0+1,0} = \lambda \pi_{n_0,0}.$$

完全可见情况下的社会福利为:

$$\mathrm{SW}_{\mathrm{fo}}(n_0, n_1) = \lambda(1 - \pi_{n_0+1,0} - \pi_{n_1+1,1})R - CE[L_{\mathrm{fo}}(n_0, n_1)].$$

其中,$\mathrm{E}[L_{\mathrm{fo}}(n_0, n_1)]$ 是完全可见排队系统的平均队长,

$$\mathrm{E}[L_{\mathrm{fo}}(n_0, n_1)] = \sum_{n=0}^{n_0+1} n\pi_{n,0} + \sum_{n=1}^{n_1+1} n\pi_{n,1}.$$

我们的目的是寻找社会最优福利和使得社会福利最大的最优止步策略 n_0^* 和 n_1^*,社会福利最大化问题可以描述为:

$$\mathrm{SW}_{\mathrm{fo}}(n_0^*, n_1^*) = \max_{n_i > 1(i=0, 1)} \mathrm{SW}_{\mathrm{fo}}(n_0, n_1).$$

4.3 几乎不可见情况

在几乎不可见情况下,在 t 时刻来到系统的顾客只知道服务台的状态 $I(t)$,不知道系统中顾客数 $N(t)$。所有顾客根据混合策略 (q_0, q_1) $(0 \leqslant q_0, q_1 \leqslant 1)$ 决定是否加入系统,其中,$q_i(i = 0, 1)$ 是服务台状态为 i 时顾客的加入概率,$\lambda_i = \lambda q_i(i = 0, 1)$ 为顾客的实际到达率。过程 $\{N(t), I(t)\}$ $(t > 0)$ 为无限状态二维马尔可夫

链，其状态空间为：

$$\Omega_{au} = \{(0, 0)\} \cup \{(n, j), n \geqslant 1, j = 0, 1\}.$$

系统的状态转移图类似初始的状态转移图，只是将顾客的加入率由 λ 变为 $\lambda_i = \lambda q_i (i = 0, 1)$，如图 4.3 所示：

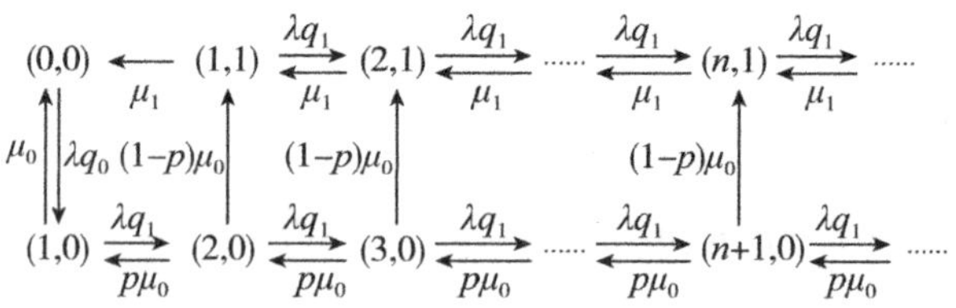

图 4.3　几乎不可见情况下的系统状态转移图

定义稳态分布为：

$$\pi_{n, i} = \lim_{t \to +\infty} P\{N(t) = n, I(t) = i\}, \quad (n, i) \in \Omega_{au},$$

$$\pi_n = (\pi_{n, 0}, \pi_{n, 1}), \quad n \geqslant 1,$$

$$\pi_0 = \pi_{0, 0}.$$

将系统状态按照字典序(lexicographical order)排列，二维随机过程 $\{N(t), I(t)\} (t > 0)$ 的生成元(generator) Q 可写为以下分块三对角形式：

$$Q = \begin{bmatrix} \mathbf{A}_0 & \mathbf{C}_0 & & & \\ \mathbf{B}_1 & \mathbf{A} & \mathbf{C} & & \\ & \mathbf{B} & \mathbf{A} & \mathbf{C} & \\ & & \mathbf{B} & \mathbf{A} & \mathbf{C} \\ & & & \ddots & \ddots & \ddots \end{bmatrix},$$

其中，各个子块如下：

$$\mathbf{A}_0 = -\lambda q_0, \quad \mathbf{C}_0 = (\lambda q_0, 0), \quad \mathbf{B}_1 = (\mu_0, \mu_1)^T$$

$$\mathbf{B} = \begin{bmatrix} p\mu_0 & (1-p)\mu_0 \\ 0 & \mu_1 \end{bmatrix}, \quad \mathbf{C} = \begin{bmatrix} \lambda q_0 & 0 \\ 0 & \lambda q_1 \end{bmatrix},$$

$$A = \begin{bmatrix} -(\lambda q_0 + \mu_0) & 0 \\ 0 & -(\lambda q_1 + \mu_1) \end{bmatrix}$$

不难看出，此模型是一个拟生灭过程（quasi-birth-and-death，QBD process）。稳态概率满足以下状态转移方程：

$$\lambda q_0 \pi_{0,0} = \mu_0 \pi_{1,0} + \mu_1 \pi_{1,1},$$

$$(\lambda q_1 + \mu_1) \pi_{1,1} = (1-p)\mu_0 \pi_{2,0} + \mu_1 \pi_{2,1},$$

$$(\lambda q_1 + \mu_1) \pi_{n,1} = (1-p)\mu_0 \pi_{n+1,0} + \lambda q_1 \pi_{n-1,1} + \mu_1 \pi_{n+1,1}, \quad n = 2, 3, \cdots,$$

$$(\lambda q_0 + \mu_0) \pi_{n,0} = \lambda q_0 \pi_{n-1,0} + p\mu_0 \pi_{n+1,0}, \quad n = 1, 2, \cdots.$$

在 QBD 模型的分析中，矩阵二次方程

$$R^2 B + RA + C = 0. \tag{4.6}$$

的最小非负解 R 称为率阵，它十分关键。

一般来说，率阵 R 很少有精确解。然而，在此系统中率阵 R 可以精确求解。为了求出率阵 R，需要以下引理：

引理 4.3 二次方程

$$p\mu_0 z^2 - (\mu_0 + \lambda q_0)z + \lambda q_0 = 0. \tag{4.7}$$

存在两个相异实根 r 和 r^*，满足 $0 < r < 1 < r^*$，且 r 满足：

$$\mu_0(1 - pr) + \lambda q_0 = \frac{\mu_0(1 - pr)}{1 - r} = \frac{\lambda q_0}{r}. \tag{4.8}$$

证明 由于方程的判别式可表示为：

$$\Delta = (\mu_0 + \lambda q_0)^2 - 4p\mu_0\lambda q_0 = (\mu_0 + (1-2p)\lambda q_0)^2 + 4p(1-p)(\lambda q_0)^2 > 0.$$

方程（4.7）有两个实根 r 和 r^*，它们分别是：

$$r = \frac{\mu_0 + \lambda q_0 - \sqrt{\Delta}}{2p\mu_0},$$

$$r^* = \frac{\mu_0 + \lambda q_0 + \sqrt{\Delta}}{2p\mu_0}.$$

显然，$r > 0$，$r^* > 1$。注意到

$$\Delta = [(1-2p)\mu_0 + \lambda q_0]^2 + 4p(1-p)\mu_0^2 > [(1-2p)\mu_0 + \lambda q_0]^2, \text{有}$$

$$r = \frac{\mu_0 + \lambda q_0 - \sqrt{\Delta}}{2p\mu_0} < \frac{\mu_0 + \lambda q_0 - [(1 - 2p)\mu_0 + \lambda q_0]}{2p\mu_0} = 1.$$

将 r 代入式(4.7)，得到

$$\mu_0(1 - pr) + \lambda q_0 = \frac{\mu_0(1 - pr)}{1 - r} = \frac{\lambda q_0}{r}.$$

证毕。

引理 4.4　令 $\rho_1 = \lambda q_1/\mu_1 < 1$，矩阵方程(4.6)的最小非负解为：

$$\boldsymbol{R} = \begin{bmatrix} r & \dfrac{(1 - p)\mu_0 r^2}{\mu_1(1 - r)} \\ 0 & \rho_1 \end{bmatrix}$$

其中 r 由引理 4.3 给出。

证明　首先，由于矩阵 $\boldsymbol{A}$，$\boldsymbol{B}$ 和 $\boldsymbol{C}$ 都是上三角矩阵，满足方程的解 $\boldsymbol{R}$ 也是上三角形式。假设

$$\boldsymbol{R} = \begin{bmatrix} r_{11} & r_{12} \\ 0 & r_{22} \end{bmatrix}.$$

将 $\boldsymbol{R}$ 代入矩阵方程(4.6)，得到以下方程组：

$$\begin{cases} p\mu_0 r_{11}^2 - (\mu_0 + \lambda q_0)r_{11} + \lambda q_0 = 0, \\ \mu_1 r_{22}^2 - (\mu_1 + \lambda q_1)r_{22} + \lambda q_1 = 0, \\ (1 - p)\mu_0 r_{11}^2 + \mu_1 r_{12}(r_{11} + r_{22}) - (\mu_1 + \lambda q_1)r_{12} = 0. \end{cases}$$

由式(4.7)可知，$r_{11} = r$。第二个方程可以表示为：

$$\mu_1\left(r_{22}^2 - \frac{\mu_1 + \lambda q_1}{\mu_1}r_{22} + \frac{\lambda q_1}{\mu_1}\right) = \mu_1\left(r_{22} - \frac{\lambda q_1}{\mu_1}\right)(r_{22} - 1) = 0,$$

取 $r_{22} = \rho_1$。将 r 和 ρ_1 代入第三个方程，有：

$$r_{12} = \frac{(1 - p)\mu_0 r^2}{\mu_1(1 - r)}.$$

证毕。

可以看出，$\boldsymbol{Q}$ 正常返且 $\boldsymbol{R}$ 的谱半径 $\mathbf{SP}(\boldsymbol{R}) < 1$。

由 QBD 过程可得到以下矩阵几何解:

$$\pi_n = (\pi_{n,0},\ \pi_{n,1}) = (\pi_{1,0},\ \pi_{1,1})R^{n-1},\quad n \geq 1.$$

边缘概率向量 $(\pi_{0,0},\ \pi_{1,0},\ \pi_{1,1})$ 满足:

$$(\pi_{0,0},\ \pi_{1,0},\ \pi_{1,1})B[R] = 0,\qquad(4.9)$$

及正规化条件:

$$\pi_{0,0} + (\pi_{1,0},\ \pi_{1,1})(I - R)^{-1}e = 1.\qquad(4.10)$$

其中 I 为单位矩阵,e 是单位向量,且:

$$B[R] = \begin{bmatrix} -\lambda q_0 & (\lambda q_0,\ 0) \\ B_1 & RB + A \end{bmatrix}$$

$$= \begin{bmatrix} -\lambda q_0 & \lambda q_0 & 0 \\ \mu_0 & -\lambda q_0 - (1 - rp)\mu_0 & \dfrac{(1-p)\mu_0 r}{1-r} \\ \mu_1 & 0 & -\mu_1 \end{bmatrix}.$$

定理4.2 若 $\rho_1 = \dfrac{\lambda q_1}{\mu_1} < 1$ 和 $\rho_1 \neq r$ 成立,在几乎不可见工作休假和伯努利休假中断排队系统中,若所有顾客根据相同的混合策略 $(q_0, q_1)(0 \leq q_0, q_1 \leq 1)$ 加入系统,则系统的稳态概率 $\{\pi_{n,j},\ (n, j) \in \Omega_{au}\}$ 为:

$$\begin{cases} \pi_{n,0} = Kr^n,\quad n \geq 0, \\ \pi_{n,1} = K\dfrac{(1-p)\mu_0 r^2}{\mu_1(1-r)}\dfrac{\rho_1^n - r^n}{\rho_1 - r},\quad n \geq 1. \end{cases}\qquad(4.11)$$

其中,

$$K = (1 - r)(1 - \rho_1)\left(1 - \rho_1 + \frac{(1-p)\mu_0 r^2}{\mu_1(1-r)}\right)^{-1}.$$

并且 r 由引理 4.1 给出,满足:

$$\mu_0(1 - pr) + \lambda q_0 = \frac{\mu_0(1 - pr)}{1 - r} = \frac{\lambda q_0}{r}.$$

证明 详细写出边界方程(4.9),有:

$$\begin{cases} -\lambda q_0 \pi_{0,0} + \mu_0 \pi_{1,0} + \mu_1 \pi_{1,1} = 0, \\[2mm] -\lambda q_0 \pi_{0,0} - [\lambda q_0 + (1-rp)\mu_0]\pi_{1,0} = 0, \\[2mm] \dfrac{(1-p)\mu_0 r}{1-r}\pi_{1,0} - \mu_1 \pi_{1,1} = 0. \end{cases}$$

由第二个方程，可以得到：

$$\pi_{1,0} = \frac{\lambda q_0}{\lambda q_0 + (1-rp)\mu_0}\pi_{0,0} = \frac{\lambda q_0}{\lambda q_0 + \dfrac{\lambda q_0}{r}(1-r)}\pi_{0,0} = r\pi_{0,0}.$$

代入最后一个方程，有：

$$\pi_{1,1} = \frac{(1-p)\mu_0 r}{\mu_1(1-r)}\pi_{1,0} = \frac{(1-p)\mu_0 r^2}{\mu_1(1-r)}\pi_{0,0}.$$

令 $\pi_{00} = K$，得到

$$(\pi_{00},\ \pi_{10},\ \pi_{11}) = K\left(1,\ r,\ \frac{(1-p)\mu_0 r^2}{\mu_1(1-r)}\right).$$

进一步

$$\boldsymbol{R}^n = \begin{bmatrix} r^n & \dfrac{(1-p)\mu_0 r^2}{\mu_1(1-r)}\dfrac{\rho_1^n - r^n}{\rho_1 - r} \\[4mm] 0 & \rho_1^n \end{bmatrix}, \quad n \geq 1.$$

将 $(\pi_{1,0},\ \pi_{1,1})$ 和 $\boldsymbol{R}^{n-1}$ 代入规范化方程(4.10)，即可得到系统的稳态概率。证毕。

4.3.1　顾客均衡策略

下面的引理给出顾客来到系统时观察到系统状态为 $i(i=0,1)$ 并选择加入后的净收益，进而求得顾客的均衡策略。

引理 4.5　在几乎不可见工作休假和伯努利休假中断排队系统中，顾客根据混合策略 (q_0,q_1) 决定是否加入系统，在服务台状态为 $i(i=0,1)$ 时来到并决定加入系统的顾客的期望净收益为：

$$U_{\mathrm{au}}(0:q_0,\ q_1) = R - C\frac{1}{1-pr}\left(\frac{1}{\mu_0} + \frac{r(1-p)}{\mu_1(1-r)}\right), \tag{4.12}$$

$$U_{au}(1:q_0, q_1) = R - C\frac{2 - r - \rho_1}{\mu_1(1 - \rho_1)(1 - r)}. \qquad (4.13)$$

证明 标记一个顾客，此顾客到达系统时，发现系统服务台状态为 $i(i = 0, 1)$ 并加入系统，令 $\mathrm{E}[W_i(q_0, q_1)]$ 表示其期望逗留时间，有：

$$\mathrm{E}[W_i(q_0, q_1)] = \frac{\sum_{n=0}^{\infty} \mathrm{E}[W(n, i)]\pi_{n,i}}{\sum_{n=0}^{\infty} \pi_{n,i}}, \quad i = 0, 1. \qquad (4.14)$$

将式(4.3)，式(4.5)，式(4.11)代入式(4.14)，可以得到：

$$\mathrm{E}[W_0(q_0, q_1)] = \frac{1}{1 - pr}\left(\frac{1}{\mu_0} + \frac{r(1 - p)}{\mu_1(1 - r)}\right),$$

$$\mathrm{E}[W_1(q_0, q_1)] = \frac{2 - r - \rho_1}{\mu_1(1 - \rho_1)(1 - r)}.$$

由"收益-成本"结构可以求得该标记顾客在状态 $i(i = 0, 1)$ 加入系统后的期望净收益。证毕。

注 4.4 $\mathrm{E}[W_0(q_0, q_1)] > \mathrm{E}[W_1(q_0, q_1)]$ 的充要条件为：

$$(\mu_1 - \mu_0)^2(1 - \rho_1)^2 - (\mu_0 - \lambda q_0)(\mu_1 - \mu_0)(1 - \rho_1) - (1 - p)\mu_0\lambda q_0 > 0.$$

注 4.5 $\mathrm{E}[W_0(q_0, q_1)]$ 为 q_0 的函数($r = r(q_0)$ 是 q_0 的函数而不是 q_1 的函数)，因此顾客的条件期望净收益 $U_{au}(0:q_0, q_1)$ 是 q_0 的函数(独立于 q_1)。条件期望净收益 $U_{au}(1:q_0, q_1)$ 是 q_0 和 q_1 的函数，因为 $\mathrm{E}[W_1(q_0, q_1)]$ 是 q_0 和 q_1 的函数(ρ_1 是 q_1 的函数)。顾客的期望净收益可以改写为：

$$U_{au}(0:q_0) = R - C\mathrm{E}[W_0(q_0)],$$

$$U_{au}(1:q_0, q_1) = R - C\mathrm{E}[W_1(q_0, q_1)].$$

为了方便起见，引入以下 $\mathrm{E}[W_0]$ 和 $\mathrm{E}[W_1]$ 的特殊值：

$$w_{(1:*,0)} = \mathrm{E}[W_1(q_{0e}^*, 0)], \quad w_{(1:*,1)} = \mathrm{E}[W_1(q_{0e}^*, 1)], \quad w_{(0:1)} = \mathrm{E}[W_0(1)],$$

$$w_{(1:1,0)} = \mathrm{E}[W_1(1, 0)], \quad w_{(1:1,1)} = \mathrm{E}[W_1(1, 1)].$$

其中 $r(0) = 0$，$r(1) = \dfrac{\mu_0 + \lambda + \sqrt{(\mu_0 + \lambda)^2 - 4p\mu_0\lambda}}{2p\mu_0}$，$q_{0e}^*$ 由定理(4.3)给出。特别地，

$$w_{(1: *, 0)} = \mathrm{E}[W_1(q_{0e}^*)] = \frac{2 - r(q_{0e}^*)}{\mu_1[1 - r(q_{0e}^*)]},$$

$$w_{(1: *, 1)} = \mathrm{E}[W_1(q_{0e}^*, 1)] = \frac{2 - r(q_{0e}^*) - \dfrac{\lambda}{\mu_1}}{\mu_1\left(1 - \dfrac{\lambda}{\mu_1}\right)[1 - r(q_{0e}^*)]},$$

$$w_{(0:1)} = \mathrm{E}[W_0(1)] = \frac{1}{1 - pr(1)}\left(\frac{1}{\mu_0} + \frac{r(1)(1 - p)}{\mu_1[1 - r(1)]}\right),$$

$$w_{(1:1, 0)} = \mathrm{E}[W_1(1, 0)] = \frac{2 - r(1)}{\mu_1[1 - r(1)]},$$

$$w_{(1:1, 1)} = \mathrm{E}[W_1(1, 1)] = \frac{2 - r(1) - \dfrac{\lambda}{\mu_1}}{\mu_1\left(1 - \dfrac{\lambda}{\mu_1}\right)[1 - r(1)]}.$$

不难看出，$1/\mu_0 = \mathrm{E}[W_0(0)]$。

定理 4.3　在稳态条件下，几乎不可见工作休假和伯努利休假中断排队系统中，若顾客来到时看到系统状态为 $i(i = 0, 1)$ 并且加入系统，则存在如下唯一的顾客均衡混合策略 (q_{0e}, q_{1e})：

（1）$\dfrac{R}{C} < \dfrac{1}{\mu_0}$。在此情况下，$q_{0e} = 0$。说明系统一旦为空，将会退化为只有状态 $(0, 0)$，$(q_{0e}, q_{1e}) = (0, 0)$。

（2）$\dfrac{R}{C} > w_{(0:1)}$。在此情况下：

（a）若 $\dfrac{R}{C} < w_{(1:1, 0)}$，则 $(q_{0e}, q_{1e}) = (1, 0)$；

（b）若 $\dfrac{R}{C} > w_{(1:1, 1)}$，则 $(q_{0e}, q_{1e}) = (1, 1)$；

（c）若 $w_{(1:1, 0)} \leqslant \dfrac{R}{C} \leqslant w_{(1:1, 1)}$，则

$$(q_{0e}, q_{1e}) = \left(1, \frac{\dfrac{R}{C} \cdot \mu_1 [1 - r(1)] - 2 + r(1)}{\dfrac{R}{C} \cdot \mu_1 [1 - r(1)] - 1} \cdot \frac{\mu_1}{\lambda}\right);$$

(3) $\dfrac{1}{\mu_0} \leqslant \dfrac{R}{C} \leqslant w_{(0:1)}$。在此情况下：

(a) 若 $\dfrac{R}{C} < w_{(1:*,0)}$，则 $(q_{0e}, q_{1e}) = (q_{0e}^*, 0)$；

(b) 若 $\dfrac{R}{C} > w_{(1:*,1)}$，则 $(q_{0e}, q_{1e}) = (q_{0e}^*, 1)$；

(c) 若 $w_{(1:*,0)} \leqslant \dfrac{R}{C} \leqslant w_{(1:*,1)}$，则

$$(q_{0e}, q_{1e}) = \left(q_{0e}^*, \frac{\dfrac{R}{C} \cdot \mu_1 [1 - r(q_{0e}^*)] - 2 + r(q_{0e}^*)}{\dfrac{R}{C} \cdot \mu_1 [1 - r(q_{0e}^*)] - 1} \cdot \frac{\mu_1}{\lambda}\right)。$$

这里，$q_{0e}^* (0 < q_{0e}^* < 1)$ 是方程 $U_{au}(0: q_0) = 0$ 的唯一解。

证明 在此系统中，来到系统时观察到系统状态为 $i (i = 0, 1)$ 的顾客将以概率 $q_i (0 \leqslant q_i \leqslant 1, i = 0, 1)$ 加入系统。显然，当 $U_{au}(i: q_0, q_1) \geqslant 0$ 时顾客加入系统；反之，顾客不加入。

下面验证方程 $r(q_0)$ 是 $q_0 \in [0, 1]$ 的严格增函数，由于

$$
\begin{aligned}
\frac{dr(q_0)}{dq_0} &= \frac{\lambda \left\{ \sqrt{[(\mu_0 + \lambda q_0)^2 - 4p\mu_0\lambda q_0]} - [(1 - 2p)\mu_0 + \lambda q_0] \right\}}{2p\mu_0 \sqrt{(\mu_0 + \lambda q_0)^2 - 4p\mu_0\lambda q_0}} \\
&= \frac{\lambda \left\{ \sqrt{[(1 - 2p)\mu_0 + \lambda q_0]^2 + 4p(1 - p)\mu_0^2} - [(1 - 2p)\mu_0 + \lambda q_0] \right\}}{2p\mu_0 \sqrt{(\mu_0 + \lambda q_0)^2 - 4p\mu_0\lambda q_0}} \\
&> 0.
\end{aligned}
$$

因此

$$\frac{dE[W_0(q_0, q_1)]}{dq_0} = \left(\frac{p}{\mu_0 (1 - pr)^2} + \frac{(1 - p)(1 - pr^2)}{\mu_1 (1 - pr)^2 (1 - r)^2} \right) \frac{dr(q_0)}{dq_0} > 0.$$

显然，在其他条件不变的情况下，$U_{au}(0: q_0)$ 是 $q_0 (q_0 \in [0, 1])$ 的严格递减函

数，$U_{au}(1:q_0)$ 是 $q_0 \in [0, 1]$ 和 $q_1 \in [0, 1]$ 的严格递减函数。故若 $U_{au}(0:q_0) = 0$ 的解存在，则此解唯一。

（1）若 $\dfrac{R}{C} < \dfrac{1}{\mu_0}$，有 $U_{au}(0:q_0)_{\max} = U_{au}(0:0) < 0$，任何在 0 状态加入系统的顾客都会得到负收益。因此，有 $q_{0e} = 0$。当其成立时，状态 $(0, 0)$ 和 $(1, 0)$ 不可以互相转换，表明当系统一旦为空，服务台开始工作休假，系统就不会再转换到正常工作状态，$(q_{0e}, q_{1e}) = (0, 0)$。

（2）若 $\dfrac{R}{C} > w_{(0:1)}$，有 $\dfrac{R}{C} > w_{(0:1)}$。因此，$U_{au}(0:q_0)_{\min} = U_{au}(0:1) = R - Cw_{(0:1)} > 0$。这表明所有在状态 0 来到的顾客会以概率 1 加入系统，即 $q_{0e} = 1$。对于均衡加入概率 q_{1e}，考虑以下几种子情况：

（a）如果 $\dfrac{R}{C} < w_{(1:1,0)}$，那么 $U_{au}(1:1,q_1)_{\max} = U_{au}(1:1,0) = R - Cw_{(1:1,0)} < 0$。因此，在系统状态为 1 时来到系统的顾客选择不加入，$q_{1e} = 0$。

（b）如果 $\dfrac{R}{C} > w_{(1:1,1)}$，那么 $U_{au}(1:1,q_1)_{\min} = U_{au}(1:1,1) = R - Cw_{(1:1,1)} > 0$。因此，所有在系统状态为 1 时来到系统的顾客以概率 1 加入系统，$q_{1e} = 1$。

（c）如果 $w_{(1:1,0)} \leqslant \dfrac{R}{C} \leqslant w_{(1:1,1)}$，有 $U_{au}(1:1,q_1)_{\min} < 0 < U_{au}(1:1,q_1)_{\max}$。因此，在系统状态为 1 时来到系统的顾客的均衡加入概率 q_{1e} 在区间 $(0, 1)$，且满足 $U_{au}(1:1,q_{1e}) = 0$，即

$$q_{1e} = \frac{\dfrac{R}{C} \cdot \mu_1 [1 - r(1)] - 2 + r(1)}{\dfrac{R}{C} \cdot \mu_1 [1 - r(1)] - 1} \cdot \frac{\mu_1}{\lambda}.$$

（3）若 $\dfrac{1}{\mu_0} \leqslant \dfrac{R}{C} \leqslant w_{(0:1)}$，有 $\mathrm{E}[W_0(0)] = \dfrac{1}{\mu_0} \leqslant \dfrac{R}{C} \leqslant w_{(0:1)}$ 成立，表明 $R - C\mathrm{E}[W_0(1)] = R - Cw_{(0:1)} = U_{au}(0:q_0)_{\min} < 0 < U_{au}(0:q_0)_{\max} = U_{au}(0:0) = R - C(1/\mu_0)$。由于 $U_{au}(0:q_0)$ 是 $q_0 \in [0,1]$ 的严格递减函数，在区间 $(0,1)$ 存在唯一 q_{0e}^* 使得 $U_{au}(0:q_{0e}) = 0$，或者 $q_{0e} = q_{0e}^*$。

（a）若 $\dfrac{R}{C} < w_{(1:*,0)}$，则 $U_{au}(1:q_{0e}^*,q_1)_{max} = U_{au}(1:q_{0e}^*,0) = R - CE[W_1(q_{0e}^*,0)] =$

$R - Cw_{(1:*,0)} < 0$。因此，在 1 状态来到并加入的顾客将获得负收益，$q_{1e} = 0$。

（b）若 $\dfrac{R}{C} > w_{(1:*,1)}$，那么 $U_{au}(1:q_{0e}^*,q_1)_{min} = U_{au}(1:q_{0e}^*,1) = R - CE[W_1(q_{0e}^*,$

$1)] = R - Cw_{(1:*,1)} > 0$。因此，在 1 状态来到并加入的顾客将获得非负收益，$q_{1e} = 1$。

（c）若 $w_{(1:*,0)} \leqslant \dfrac{R}{C} \leqslant w_{(1:*,1)}$，那么 $U_{au}(1:q_0,q_1)_{min} < 0 < U_{au}(1:q_0,q_1)_{max}$。

因此，令 $q_{0e} = q_{0e}^*$，我们可以在区间 $(0,1)$ 找到唯一均衡加入概率 q_{1e}^*，满足 $U_{au}(1:q_{0e}^*,$

$q_{1e}^*) = 0, (q_{0e},q_{1e}) = (q_{0e}^*,q_{1e}^*)$。

证毕。

注 4.6 q_{0e}^* 一般没有精确解，但是可以通过计算得到其数值解。

4.3.2 社会最优策略

所有顾客根据混合策略 (q_0, q_1) 加入系统，根据定理 4.2，顾客来到系统时，系统为 0 状态的概率 P_0 和系统为 1 状态的概率 P_1 分别为：

$$P_0 = \sum_{n=0}^{\infty} \pi_{n,0} = \frac{K}{1-r},$$

$$P_1 = \sum_{n=1}^{\infty} \pi_{n,1} = K \frac{(1-p)\mu_0 r^2}{\mu_1(1-r)^2(1-\rho_1)}.$$

此系统的有效到达率为：

$$\bar{\lambda} = \lambda(P_0 q_0 + P_1 q_1).$$

系统的平均队长为：

$$E[L_{au}(q_0, q_1)] = \sum_{n=0}^{+\infty} n\pi_{n,0} + \sum_{n=1}^{+\infty} n\pi_{n,1}$$

$$= K\left(\frac{r}{(1-r)^2} + \frac{(1-p)\mu_0 r^2(1-r\rho_1)}{\mu_1(1-\rho_1)^2(1-r)^3}\right).$$

令 $SW_{au}(q_0, q_1)$ 表示单位时间的社会福利，有：

$$SW_{au}(q_0,\ q_1) = \bar{\lambda}R - CE[L_{au}(q_0,\ q_1)]$$

$$= \lambda(P_0 q_0 + P_1 q_1)R - CK\left(\frac{r}{(1-r)^2} + \frac{(1-p)\mu_0 r^2(1-r\rho_1)}{\mu_1(1-\rho_1)^2(1-r)^3}\right).$$

我们的目的是寻找社会最优福利和使得社会福利最大的顾客加入率 q_0^* 和 q_1^*，社会福利最大化问题可以描述为：

$$SW_{au}(q_0^*,\ q_1^*) = \max_{0 \leqslant q_i \leqslant 1,\ i=0,\ 1} SW_{au}(q_0,\ q_1).$$

4.4　完全不可见情况

在完全不可见情况下，在 t 时刻来到系统的顾客既不知道服务台的状态 $I(t)$，又不知道系统中顾客数 $N(t)$。顾客到达系统后，根据混合策略 $q(0 \leqslant q \leqslant 1)$ 加入系统，系统的有效到达率为 λq。系统为二维连续时间马尔可夫链，状态空间为：

$$\Omega_u = \{(0,\ 0)\} \cup \{(n,\ j),\ n \geqslant 1,\ j = 0,\ 1\}.$$

相关的系统转移图如图 4.4 所示：

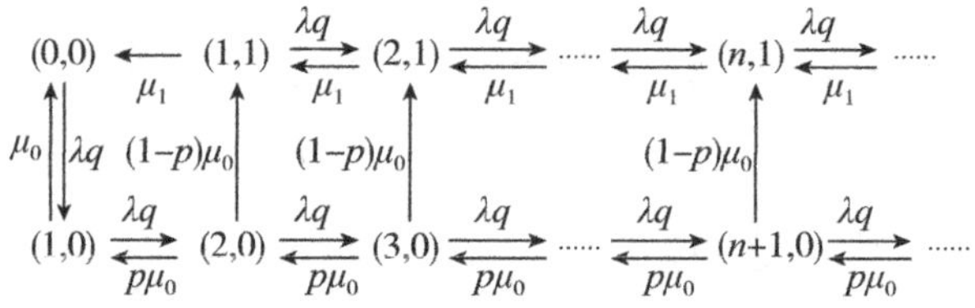

图 4.4　完全不可见情况下的系统状态转移图

令定理 4.2 中 $q_0 = q_1 = q$，得到完全不可见系统的稳态分布为：

$$\begin{cases} \pi_{n,\ 0} = K_u r_u^n, & n \geqslant 0, \\ \pi_{n,\ 1} = K_u \dfrac{(1-p)\mu_0 r_u^2}{\mu_1(1-r_u)} \dfrac{\rho^n - r_u^n}{\rho - r_u}, & n \geqslant 1. \end{cases}$$

其中

$$\rho = \frac{\lambda q}{\mu_1},$$

$$r_u = \frac{\mu_0 + \lambda q - \sqrt{(\mu_0 + \lambda q)^2 - 4p\mu_0\lambda q}}{2p\mu_0},$$

$$K_u = (1 - r_u)(1 - \rho)\left(1 - \rho + \frac{(1-p)\mu_0 r_u^2}{\mu_1(1 - r_u)}\right)^{-1},$$

且 r_u 满足方程

$$\mu_0(1 - pr_u) + \lambda q = \frac{\mu_0(1 - pr_u)}{1 - r_u} = \frac{\lambda q}{r_u}.$$

根据系统的稳态分布，得到系统的平均队长为：

$$\begin{aligned}
\mathrm{E}[L_{fu}] &= \sum_{n=0}^{+\infty} n\pi_{n,0} + \sum_{n=1}^{+\infty} n\pi_{n,1} \\
&= K_u\left(\frac{r_u}{(1-r_u)^2} + \frac{(1-p)\mu_0 r_u^2(1 - r_u\rho)}{\mu_1(1-\rho)^2(1-r_u)^3}\right) \\
&= \frac{\mu_1 r_u(1-\rho)^2(1-r_u) + (1-p)\mu_0 r_u^2(1 - r_u\rho)}{[\mu_1(1-r_u)(1-\rho) + (1-p)\mu_0 r_u^2](1-\rho)(1-r_u)}.
\end{aligned}$$

根据 Little's Law，得到顾客的期望逗留时间为：

$$\begin{aligned}
\mathrm{E}[W_{fu}] &= \mathrm{E}[L_{fu}]/\lambda q \\
&= \frac{K_u}{\lambda q}\left(\frac{r_u}{(1-r_u)^2} + \frac{(1-p)\mu_0 r_u^2(1 - r_u\rho)}{\mu_1(1-\rho)^2(1-r_u)^3}\right) \\
&= \frac{\mu_1(1-\rho)^2(1-r_u) + (1-p)\mu_0 r_u(1 - r_u\rho)}{[\mu_1(1-r_u)(1-\rho) + (1-p)\mu_0 r_u^2](1-\rho)(1-pr_u)\mu_0}.
\end{aligned}$$

根据"收益 - 成本"结构，顾客的期望净收益为：

$$U_{fu}(q) = R - C\mathrm{E}[W_{fu}].$$

单位时间的社会福利为：

$$\mathrm{SW}_{fu}(q) = R\lambda q - C\mathrm{E}[L_{fu}].$$

我们的目的是寻找社会最优福利和使得社会福利最大的顾客加入概率 q^*，社会福利最大化问题可以描述为：

$$S_{fu}(q^*) = \max_{0 \leqslant q \leqslant 1} \mathrm{SW}_{fu}(q).$$

4.5　数值算例

本部分基于以上研究结论分析系统参数 p 和 μ_0 对不同信息水平下的顾客策略和社会最优福利的影响。

图 4.5 和图 4.6 描述了完全可见情况下，系统参数 p 和 μ_0 对顾客均衡加入策略、社会最优策略和最优社会福利的影响。从图中可以看出，社会最优止步门限 n_0^* 和 n_1^* 不大于顾客均衡门限 n_{0e} 和 n_{1e}，社会最优止步门限与顾客均衡止步门限不完全一致。最优社会福利随着 p 的增大而减少，随着 μ_0 的增大而增大。容易理解，随着 p（或 μ_0）的增大，在状态 $(n, 0)$ 来到并决定加入系统的顾客在系统中的期望等待时间会增大（减小），每个顾客在服务完成后获得的净收益会减小（增大）。因此，n_{0e} 和社会最优福利 $\mathrm{SW}_{\mathrm{fo}}^*$ 随着 p 的增大而减小，随着 μ_0 的增大而增大。定理 4.3 表明在 1 状态来到系统的顾客的期望等待时间与 p 和 μ_0 无关，故 n_{1e} 随 p 和 μ_0 的增加保持不变。

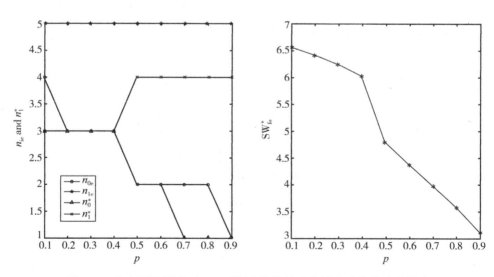

图 4.5　完全可见情况下，p 对顾客均衡策略和社会最优策略的影响

（$R = 10$，$C = 3$，$\mu_1 = 2$，$\mu_0 = 0.8$，$\lambda = 1.5$）

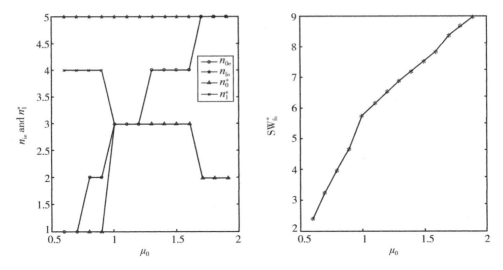

图 4.6　完全可见情况下，μ_0 对顾客均衡策略和社会最优策略的影响

（$R = 10$，$C = 3$，$\mu_1 = 2$，$p = 0.7$，$\lambda = 1.5$）

图 4.7 和图 4.8 描述了几乎不可见情况下，系统参数 p 和 μ_0 对顾客均衡加入策略、社会最优策略和最优社会福利的影响。从图中可以看出，社会最优加入概率

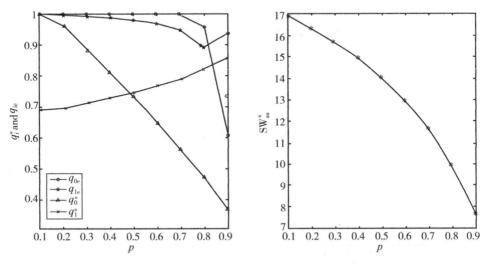

图 4.7　几乎不可见情况下，p 对顾客均衡策略和社会最优策略的影响

（$R = 10$，$C = 3$，$\mu_1 = 2$，$\mu_0 = 0.8$，$\lambda = 1.8$）

q_0^* 和 q_1^* 总是小于顾客均衡加入概率 q_{0e} 和 q_{1e}。因为最大化自身收益的顾客会忽略其为后面来到顾客带来的消极外部影响，这是一个典型的结论。同完全可见情况，最优社会福利随着 p 的增大而减少，随着 μ_0 的增大而增大。

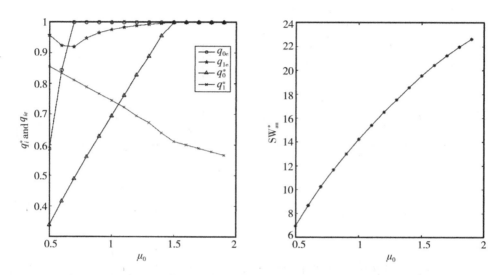

图 4.8　几乎不可见情况下，μ_0 对顾客均衡策略和社会最优策略的影响

（$R = 10$，$C = 3$，$\mu_1 = 2$，$p = 0.7$，$\lambda = 1.8$）

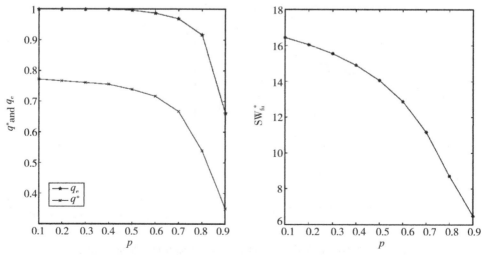

图 4.9　完全不可见情况下，p 对顾客均衡策略和社会最优策略的影响

（$R = 10$，$C = 3$，$\mu_1 = 2$，$\mu_0 = 0.8$，$\lambda = 1.8$）

图 4.9 和图 4.10 描述了完全不可见情况下，系统参数 p 和 μ_0 对顾客均衡加入策略、社会最优策略和最优社会福利的影响。图 4.9 表明顾客均衡加入概率 q_e，社会最优加入概率 q^* 和社会最优福利 SW^*_{fu} 随着 p 的增大而减小。图 4.10 表明顾客均衡加入概率 q_e，社会最优加入概率 q^* 和社会最优福利 SW^*_{fu} 随着 μ_0 的增大而增大。同时，我们观察到 $q_e > q^*$ 这一典型结论。

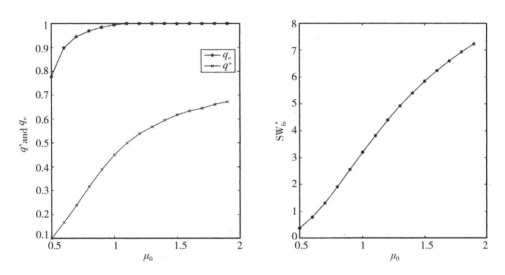

图 4.10　完全不可见情况下，μ_0 对顾客均衡策略和社会最优策略的影响

（$R = 10$，$C = 3$，$\mu_1 = 2$，$p = 0.7$，$\lambda = 1.8$）

图 4.11 和图 4.12 描述了完全可见情况、几乎不可见和完全不可见情况下，系统参数 p 和 μ_0 对最优社会福利的影响。从图中可以看出，完全可见情况下的最优社会福利总是大于几乎不可见情况下的最优社会福利，几乎不可见情况下的最优社会福利总是大于完全不可见情况下的最优社会福利。这意味着，从社会角度出发，向顾客透露更多的系统信息有利于提高社会福利。

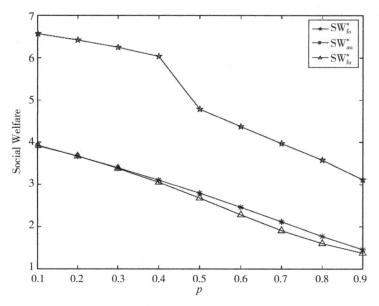

图 4.11　p 对不同信息水平下社会最优福利的影响

（$R = 10$，　$C = 3$，　$\mu_1 = 2$，　$\mu_0 = 0.8$，　$\lambda = 1.5$）

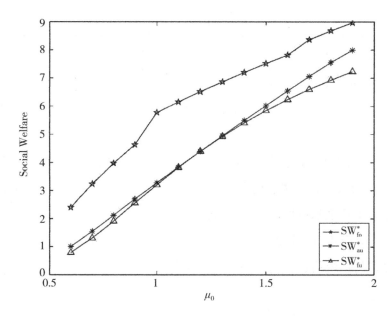

图 4.12　μ_0 对不同信息水平下社会最优福利的影响

（$R = 10$，　$C = 3$，　$\mu_1 = 2$，　$p = 0.7$，　$\lambda = 1.5$）

4.6 小　结

　　本章研究了单服务台马尔可夫工作休假和伯努利休假中断排队系统，分析了三种不同信息水平下的顾客策略行为和社会福利。结果表明，在三种不同信息水平下，顾客均衡策略和社会最优策略不一致，且顾客的均衡策略不小于顾客的社会最优策略。从顾客个人角度看，只要服务完成后的期望净收益非负，顾客就会加入系统，但是对于社会整体而言，顾客最优化自身收益的行为往往会导致过度使用排队服务系统，对排队服务系统的长期有效运行不利。因此，社会管理者可以通过一些调控策略抑制顾客的加入。最后，三种不同信息水平下的社会最优福利对比说明，当顾客有更多的系统信息时，可以提高社会最优福利。然而，在实际中，由于公布信息的成本较高，或者公布信息的便利性受限，向顾客公布所有的系统信息是不现实的。在下一章中本书将就顾客来到排队系统时获得的系统信息不同的情况展开研究。

第5章 *N*-策略休假排队系统中的异质信息顾客策略分析

排队系统中，顾客在来到系统时是否知道系统中顾客数和系统服务台状态信息会影响顾客进入系统接受服务的意愿(Hassin 和 Haviv，2003；Hassin，2016；王金亭，2016)。在以上研究中，假设所有顾客在来到系统时获得的系统信息(即服务台工作状态和系统中顾客数)相同，并将排队系统划分为完全(不)可见和几乎(不)可见排队系统。但是在实际生活中，由于顾客个体之间获得系统信息的能力存在差异，即使服务提供者通过多种渠道发布了系统的状态信息，仍然会出现一部分顾客在到达系统时只有部分系统信息或没有系统信息的情况。比如，医院将已经挂号等待就诊的患者数量信息发布在网上，来就诊的患者可以登录网站或者下载一个手机APP 获得这些信息。这对大部分年轻人来说轻而易举，但是对于一些不会使用智能手机的老年人或者买不起智能手机或者没有移动网络的人来说，却是不可能的事情。再比如，尽管高德地图、百度地图等手机 APP 会实时发布城市交通主干道的路况信息，但是一些车主对自己的经验非常自信，认为自己不会遇上堵车，在出行前不会查看实时路况信息，或者有一些车主并不是每一次出行前都会查看实时路况信息。因此，顾客到达排队系统时获得的信息异质是当下排队系统的重要特征。

基于以上考虑，Hu 等(2017)研究了带有异质信息顾客的 *M*/*M*/1 排队系统中的顾客均衡策略和异质信息对社会福利的影响。来到此系统的顾客中，只有一部分顾客在来到时可以观察到系统队长，其余部分不可以。他们的研究表明，社会福利是关于有信息顾客比例的单峰函数，即一定程度的顾客信息异质可以提高社会福利。Hassin 和 Roet-Green(2017)考虑了顾客到达 *M*/*M*/1 排队系统时没有系统信息，但是可以通过支付一个观测成本来获得系统信息的情况，研究了顾客的均衡策略和社会最优收益。在 Hassin 和 Roet-Green(2017)的模型中，顾客来到后可以选择直接加入系统，也可以支付一个观测成本获得系统信息，进而决定是否加入，或者直接离开。由于观测成本的出现，Hassin 和 Roet-Green(2017)的研究模型可以看作异质信息顾客排队系统。

本章将异质信息顾客引入 Guo 和 Hassin(2011)和 Guo 和 Li(2013)中的 N- 策略休假排队系统，将系统中顾客数和系统服务台状态合起来称为系统信息。由于顾客个体之间获得信息能力的差异，一部分在到达系统时可以获得系统信息，知道系统服务台状态和系统中顾客数，称其为第一类顾客；另外一部分顾客在来到时只知道系统中顾客数，或者只知道系统服务台状态，或者既不知道系统中顾客数也不知道系统服务台状态，称其为第二类顾客。根据第二类顾客到达系统时获得的系统信息的情况，分为以下三种情况：首先，若第二类顾客来到系统时只知道系统中顾客数，称为几乎可见情况；其次，若第二类顾客来到系统时只知道服务台工作状态，称为几乎不可见情况；最后，若第二类来到系统时既不知道系统中顾客数也不知道系统服务台状态，称其为完全不可见情况。对于以上三种情况，本章求出了系统稳态分布，建立了顾客收益函数和社会福利函数，并通过数值算例分析了系统各个参数对顾客均衡策略、社会最优策略以及社会最优策略的影响。

5.1　模型描述

考虑一个 N- 策略休假 $M/M/1$ 排队系统，当系统为空时，服务台开始休假；当系统中顾客数为 N 时，服务台恢复正常工作。服务台的服务时间独立且服从均值为 $\frac{1}{\mu}$ 的指数分布，顾客到达是参数为 Λ 的泊松过程。顾客风险中立且服务原则为 FCFS(先到先服务)，加入系统后，服务完成后才会离开，不允许插队。定义 $\rho \equiv \frac{\Lambda}{\mu}$ 为所有顾客加入系统后的系统负载。

令 $(N(t),\ I(t))(t>0)$ 表示 t 时刻的系统状态，其中，$N(t)$ 表示 t 时刻系统中的顾客数，$I(t)$ 表示 t 时刻服务台的状态，记

$$I(t) = \begin{cases} 0, & \text{时刻 } t \text{ 系统处于休假期} \\ 1, & \text{时刻 } t \text{ 系统处于正常工作状态} \end{cases}$$

为了简化问题研究，假设系统中只同时存在两类顾客：第一类顾客为有信息的顾客，在 t 时刻来到系统时知道系统中顾客数 $N(t)$ 和服务台状态 $I(t)$；第二类顾客为只有部分系统信息的顾客，或者没有系统信息的顾客。根据第二类顾客拥有系统信息的情况，研究以下三种情况：

（1）几乎可见情况，第二类顾客在 t 时刻到达时只知道系统中顾客数 $N(t)$，不知道服务台状态 $I(t)$；

（2）几乎不可见情况，第二类顾客在 t 时刻到达时，只知道服务台状态 $I(t)$，不知道系统中顾客数 $N(t)$；

（3）完全不可见情况，第二类顾客在 t 时刻到达时，既不知道系统中顾客数 $N(t)$，也不知道服务台状态 $I(t)$。

用 $\alpha \in [0, 1]$ 表示潜在顾客中第一类顾客的比例，α 是系统的公共信息。令 λ_{I} 表示第一类顾客的来到率，λ_{II} 表示系统中第二类顾客的来到率，有：

$$\lambda_{\mathrm{I}} = \alpha \Lambda, \quad \lambda_{\mathrm{II}} = (1 - \alpha) \Lambda.$$

当 $\alpha = 0$ 时，系统中不存在第一类顾客，系统退化为没有异质信息顾客的几乎可见、几乎不可见或完全不可见 N- 策略排队系统；当 $\alpha = 1$ 时，系统退化为没有异质信息顾客的完全可见 N- 策略排队系统。当 $N = 1$ 时，系统退化为服务率为 μ 的经典 $M/M/1$ 排队，Hu 等（2017）对此排队系统中做了详尽的研究。在本书中，只研究 $N > 1$ 的情况。

假设一次服务完成一个顾客得到 R 单位的收益，在系统中逗留每单位时间支出 C 单位等待费用。令 U 表示来到顾客的预期净收益，有

$$U = R - CE[W].$$

其中，$E[W]$ 表示顾客在系统中的期望逗留时间。当 U 非负时，顾客选择进入系统。

在此排队系统中，若 $\rho > 1$，在系统状态为 $(N - 1, 0)$ 时来到并加入的顾客期望逗留时间最长，为 $\dfrac{N}{\mu}$；若 $\rho < 1$，在系统状态为 $(0, 0)$ 时来到并加入的顾客的期

望逗留时间最长，为 $\dfrac{1}{\mu} + \dfrac{N-1}{\alpha\Lambda + (1-\alpha)q\Lambda}$。定义 $\nu = \left[\dfrac{R\mu}{C}\right]$，为了保证系统能够转换到正常工作状态，在以下的研究中，假设：

（1）若 $\rho > 1$，有 $R - C\dfrac{N}{\mu} \geqslant 0$，即 $\nu \geqslant N$；

（2）若 $\rho < 1$，有 $R - C\left(\dfrac{1}{\mu} + \dfrac{N-1}{\alpha\Lambda + (1-\alpha)q\Lambda}\right) \geqslant 0$，即 $\nu \geqslant 1 +$

$\dfrac{N-1}{[\alpha + (1-\alpha)q]\rho}$。又由于 $\dfrac{N-1}{[\alpha + (1-\alpha)q]\rho} \geqslant 1 + \dfrac{N-1}{\rho}$，故有 $\nu \geqslant 1 + \dfrac{N-1}{\rho}$。

若以上假设成立，在 0 状态来到系统或者在系统中顾客数 $N(t) < N$ 时来到系统的顾客都会加入系统。

根据 Naor(1969) 的结论，在 $M/M/1$ 排队系统中，当系统队长可见时，顾客的均衡止步门限为 $n_e = \left[\dfrac{R\mu}{C}\right] = [\nu]$。本章中，$n_e \geqslant N$，否则系统一旦进入休假状态，就不能再转换为正常工作状态。

5.2　几乎可见情况

本部分中第二类顾客在 t 时刻来到时只知道系统中顾客数 $N(t)$，不知道服务台状态 $I(t)$。因此，顾客的均衡策略和社会最优策略都分别是一个止步门限。若顾客来到时，发现系统为空（服务台处于休假状态），所有顾客选择不加入系统，这种情况也是一种顾客均衡。但是所有顾客不加入的情况并没有研究意义，在以下的分析中只研究顾客会加入系统的情况。此排队系统为有限状态二维马尔可夫过程，其状态空间为：

$$\Omega_{ao} = \{(k, 0), 0 \leqslant k \leqslant N-1\} \cup \{(k, 1), 1 \leqslant k \leqslant n\}.$$

5.2.1　顾客均衡策略

几乎可见情况下，两类顾客来到系统时，都可以观察到系统队长。

根据假设，若顾客来到时，观察到系统队长 $k < N$，两类顾客全加入系统。若

顾客观察到系统队长 $k \geqslant N$，系统处于 1 状态，两类顾客的均衡止步策略均为 $n_{ao}^{e} = n_{e}$。因此，均衡条件下，观察到系统队长小于 n_{ao}^{e} 的顾客都会加入。

5.2.2　社会最优策略

为了使社会最优化策略公平可信，两类顾客的最优止步策略相同。令 n_{ao}^{*} 表示两类顾客的社会最优止步策略，$n_{ao}^{*} \geqslant N$，否则，系统一旦进入休假状态，将不能转换到正常工作状态。系统的状态转移图如图 5.1 所示：

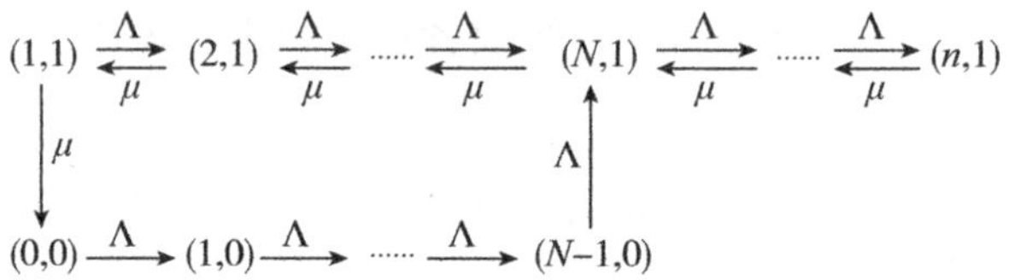

图 5.1　几乎可见情况下的系统运行状态转移图

令系统的稳态概率为 $\pi_{ao}(k, i)$，$(k, i) \in \Omega_{ao}$，其中，k 是系统中的顾客数，i 是服务台状态。根据状态转移图，有如下平衡方程：

$$\Lambda \pi_{ao}(0, 0) = \mu \pi_{ao}(1, 1),$$

$$\pi_{ao}(k, 0) = \pi_{ao}(k + 1, 0), \quad k = 0, 1, \cdots, N - 2,$$

$$\Lambda [\pi_{ao}(0, 0) + \pi_{ao}(k, 0)] = \mu \pi_{ao}(k + 1, 1), \quad k = 1, 2, \cdots, N - 1,$$

$$\Lambda \pi_{ao}(N + k, 1) = \mu \pi_{ao}(N + k + 1, 1), \quad k = 1, 2, \cdots, n - N - 1.$$

求解平衡方程(Guo 和 Li，2013)，得到系统的稳态分布为：

$$\pi_{ao}(k, 1) = \frac{\rho - \rho^{k+1}}{1 - \rho} \pi_{ao}(0, 0), \quad k = 1, 2, \cdots, N - 1,$$

$$\pi_{ao}(k, 0) = \pi_{ao}(0, 0), \quad k = 1, 2, \cdots, N - 1,$$

$$\pi_{ao}(N + k, 1) = \frac{\rho^{k+1}(1 - \rho^{N})}{1 - \rho} \pi_{ao}(0, 0), \quad k = 0, 1, \cdots, n - N - 1.$$

利用概率正规化条件：

$$\sum_{k=0}^{N-1} \pi_{ao}(k, 0) + \sum_{k=1}^{N-1} \pi_{ao}(k, 1) + \sum_{k=0}^{n-N} \pi_{ao}(N + k, 1) = 1,$$

可以求得

$$\pi_{ao}(0, 0) = (1 - \rho)^2 \left[N(1 - \rho) - \rho^{n-N+2}(1 - \rho^N) \right]^{-1}.$$

系统的稳态队长为：

$$\mathrm{E}[L_{ao}(n)] = \sum_{k=0}^{N-1} k\pi_{ao}(k, 0) + \sum_{k=1}^{N-1} k\pi_{ao}(k, 1) + \sum_{k=0}^{n_e-N} (N + k)\pi_{ao}(N + k, 1)$$

$$= \left(\frac{N(N - 1)}{2(1 - \rho)} + \rho \frac{(1 - \rho)N - \rho^{n-N+1}(1 - \rho^N)[n_e(1 - \rho) + 1]}{(1 - \rho)^3} \right)$$

$$\pi_{ao}(0, 0).$$

系统的顾客损失概率为：

$$\pi_{ao}(n) = \frac{\rho^{n-N+1}(1 - \rho^N)}{1 - \rho} \pi_{ao}(0, 0).$$

根据 Little's Law，顾客的期望逗留时间为：

$$\mathrm{E}[W_{ao}(n)] = \frac{\mathrm{E}[L_{ao}(n)]}{\Lambda[1 - \pi_{ao}(n)]}.$$

社会福利为：

$$\mathrm{SW}_{ao}(n) = \{R - C\mathrm{E}[W_{ao}(n)]\}\Lambda[1 - \pi_{ao}(n)]$$

$$= R\Lambda[1 - \pi_{ao}(n)] - C\mathrm{E}[L_{ao}(n)].$$

Guo 和 Li(2013) 已经对此模型做了详尽分析，本节只给出系统稳态分布及社会福利函数，不再赘述。

5.3 几乎不可见情况

本部分中第二类顾客在时刻 t 来到系统时，只知道服务台状态 $I(t)$，不知道系统中顾客数 $N(t)$。第一类顾客根据止步门限 n 决定是否加入系统，即第一类顾客来到系统时观察到系统队长小于 n 时加入，否则不加入。第二类顾客根据混合策略 $q_i(q_i \in [0, 1], i = 0, 1)$ 选择是否加入系统，即顾客来到系统，观察到状态 i，以概率 q_i 加入系统，其来到率为 $\lambda_i = q_i\lambda_{\mathrm{II}}, (i = 0, 1)$。此排队系统是二维马尔可夫过程，其状态空间为：

$$\Omega_{au} = \{(k, 0), 0 \leqslant k \leqslant N - 1\} \cup \{(k, 1), k \geqslant 1\}.$$

5.3.1　顾客均衡策略

在此情况下，第一类顾客根据均衡止步策略 n_e 决定是否加入系统。

若第二类顾客到达系统时，观察到系统处于 0 状态，第二类顾客全加入系统，即 $q_0^e = 1$。

若第二类顾客到达系统时，观察到系统处 1 状态，第二类顾客根据概率 q_1 加入系统。令 q_1^e 表示顾客的均衡入概率，下面通过求第二类顾客在 1 状态的期望逗留时间分析 q_1^e。

根据以上分析，在 0 状态，所有顾客加入系统，顾客来到率为 Λ；在 1 状态，当队长 $n < n_e$ 时，第二类顾客来到率为 $\lambda_1 = q_1 \lambda_{\mathrm{II}}$，系统来到率为 $\lambda_1 + \lambda_1$；当 $n \geq n_e$ 时，第一类顾客不再加入，系统来到率为 λ_1。系统的状态转移图 5.2 所示：

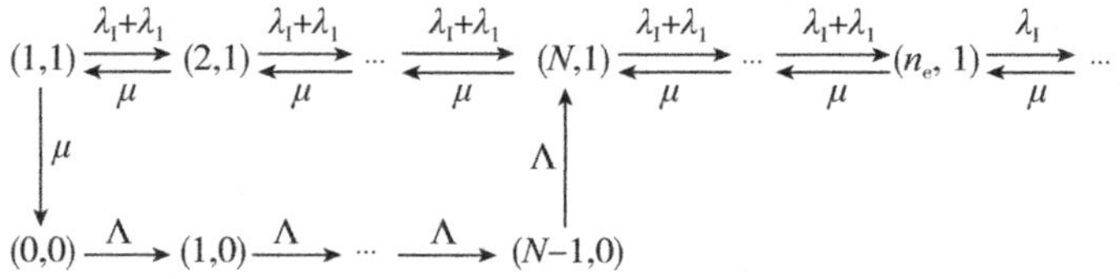

图 5.2　几乎不可见情况下的系统运行状态转移图

令系统的稳态概率为 $\pi_{\mathrm{au}}(k, i)$，$(k, i) \in \Omega_{\mathrm{au}}$，其中，$k$ 是系统中的顾客数，i 是服务台状态。定理 5.1 给出几乎不可见情况下系统的稳态概率分布。

定理 5.1　在有异质信息顾客的几乎不可见 N- 策略休假排队系统中，均衡条件下，第一类顾客根据均衡门限 $n_e (n_e \geq N)$ 决定是否加入系统，第二类顾客在 0 状态的均衡加入概率 $q_0^e = 1$，在 1 状态的根据概率 q_1 加入系统，系统的稳态概率为：

$$\pi_{\mathrm{au}}(k, 1) = \frac{1 - \rho_1^k}{1 - \rho_1} \rho \pi_{\mathrm{au}}(0, 0), \quad k = 1, 2, \cdots, N - 1,$$

$$\pi_{\mathrm{au}}(k, 0) = \pi_{\mathrm{au}}(0, 0), \quad k = 1, 2, \cdots, N - 1,$$

$$\pi_{\mathrm{au}}(N + k, 1) = \frac{\rho_1^k (1 - \rho_1^N)}{1 - \rho_1} \rho \pi_{\mathrm{au}}(0, 0), \quad k = 0, 1, \cdots, n_e - N - 1,$$

$$\pi_{au}(n_e + k, 1) = \rho_2^k \frac{\rho_1^{n_e-N}(1 - \rho_1^N)}{1 - \rho_1}\rho\pi_{au}(0, 0), \quad k = 0, 1, \cdots.$$

其中,

$$\rho_1 = \frac{\lambda_I + \lambda_1}{\mu}, \quad \rho_2 = \frac{\lambda_1}{\mu},$$

$$\pi_{au}(0, 0) = (1 - \rho_1)\left[N(1 - \rho_1 + \rho) - \rho\rho_1^{n_e-N}(1 - \rho_1^N)\left(\frac{1}{1 - \rho_1} - \frac{1}{1 - \rho_2}\right)\right]^{-1}.$$

证明 根据状态转移图, 有如下平衡方程:

$$\Lambda\pi_{au}(0, 0) = \mu\pi_{au}(1, 1), \tag{5.1}$$

$$\pi_{au}(k, 0) = \pi_{au}(k + 1, 0), \quad k = 0, 1, \cdots, N - 2, \tag{5.2}$$

$$(\lambda_I + \lambda_1 + \mu)\pi_{au}(1, 1) = \mu\pi_{au}(2, 1), \tag{5.3}$$

$$(\lambda_I + \lambda_1 + \mu)\pi_{au}(k, 1) = (\lambda_I + \lambda_1)\pi_{au}(k - 1, 1) + \mu\pi_{au}(k + 1, 1), \quad k = 2, \cdots, N - 1, \tag{5.4}$$

$$(\lambda_I + \lambda_1 + \mu)\pi_{au}(N, 1) = (\lambda_I + \lambda_1)\pi_{au}(N - 1, 1) + \Lambda\pi_{au}(N - 1, 0) + \mu\pi_{au}(N + 1, 1), \tag{5.5}$$

$$(\lambda_I + \lambda_1 + \mu)\pi_{au}(N + k, 1) = (\lambda_I + \lambda_1)\pi_{au}(N + k - 1, 1) + \mu\pi_{au}(N + k + 1, 1), \quad k = 1, \cdots, n_e - N - 1, \tag{5.6}$$

$$(\lambda_1 + \mu)\pi_{au}(n_e, 1) = (\lambda_I + \lambda_1)\pi_{au}(n_e - 1, 1) + \mu\pi_{au}(n_e + 1, 1), \tag{5.7}$$

$$(\lambda_1 + \mu)\pi_{au}(n_e + k, 1) = \lambda_1\pi_{au}(n_e + k - 1, 1) + \mu\pi_{au}(n_e + k + 1, 1), \quad k = 1, 2, \cdots. \tag{5.8}$$

根据式(5.2), 有:

$$\pi_{au}(k, 0) = \pi_{au}(0, 0), \quad k = 1, 2, \cdots, N - 1. \tag{5.9}$$

式(5.4)可以变形为:

$$\pi_{au}(k, 1) = \pi_{au}(k - 1, 1) + \rho_1^{k-2}[\pi_{au}(2, 1) - \pi_{au}(1, 1)], \quad k = 3, \cdots, N. \tag{5.10}$$

由式(5.3), 有

$$\pi_{au}(2, 1) = (1 + \rho_1)\pi_{au}(1, 1). \tag{5.11}$$

由式(5.1), 有

$$\pi_{au}(1, 1) = \rho\pi_{au}(0, 0). \tag{5.12}$$

将式(5.11) 和式(5.12) 代入式(5.10), 有

$$\pi_{\mathrm{au}}(k, 1) = \frac{1 - \rho_1^k}{1 - \rho_1} \rho \pi_{\mathrm{au}}(0, 0), \qquad k = 3, \cdots, N. \tag{5.13}$$

由于当 $k = 1$, 2 时, 式(5.13) 依然成立, 故有

$$\pi_{\mathrm{au}}(k, 1) = \frac{1 - \rho_1^k}{1 - \rho_1} \rho \pi_{\mathrm{au}}(0, 0), \qquad k = 1, 2, \cdots, N. \tag{5.14}$$

式(5.6) 可以变形为:

$$\pi_{\mathrm{au}}(N + k, 1) = \pi_{\mathrm{au}}(N + k - 1, 1) + \rho_1^{k-1}\left[\pi_{\mathrm{au}}(N + 1, 1) - \pi_{\mathrm{au}}(N, 1)\right]$$

$$= \pi_{\mathrm{au}}(N + 1, 1) + \frac{\rho_1 - \rho_1^k}{1 - \rho_1}\left[\pi_{\mathrm{au}}(N + 1, 1) - \pi_{\mathrm{au}}(N, 1)\right],$$

$$k = 2, \cdots, n_e - N. \tag{5.15}$$

根据式(5.5), 结合式(5.14), 有

$$\pi_{\mathrm{au}}(N + 1, 1) = \rho_1 \frac{1 - \rho_1^N}{1 - \rho_1} \rho \pi_{\mathrm{au}}(0, 0). \tag{5.16}$$

将式(5.16) 代入式(5.15), 有

$$\pi_{\mathrm{au}}(N + k, 1) = \rho_1^k \frac{1 - \rho_1^N}{1 - \rho_1} \rho \pi_{\mathrm{au}}(0, 0), \qquad k = 2, \cdots, n_e - N. \tag{5.17}$$

由于当 $k = 0$, 1 时, 式(5.17) 依然成立, 有

$$\pi_{\mathrm{au}}(N + k, 1) = \rho_1^k \frac{1 - \rho_1^N}{1 - \rho_1} \rho \pi_{\mathrm{au}}(0, 0), \quad k = 0, 1, \cdots, n_e - N. \tag{5.18}$$

式(5.8) 可以变形为:

$$\pi_{\mathrm{au}}(n_e + k, 1) = \pi_{\mathrm{au}}(n_e + k - 1, 1) + \rho_2^{k-1}\left[\pi_{\mathrm{au}}(n_e + 1, 1) - \pi_{\mathrm{au}}(n_e, 1)\right]$$

$$= \pi_{\mathrm{au}}(n_e + 1, 1) + \frac{\rho_2 - \rho_2^k}{1 - \rho_2}\left[\pi_{\mathrm{au}}(n_e + 1, 1) - \pi_{\mathrm{au}}(n_e, 1)\right],$$

$$k = 2, \cdots. \tag{5.19}$$

根据式(5.7), 有

$$\pi_{\mathrm{au}}(n_e + 1, 1) = \frac{1 - \rho_1^N}{1 - \rho_1} \rho_1^{n_e} \rho_2 \rho \pi_{\mathrm{au}}(0, 0). \tag{5.20}$$

将式(5.20) 代入式(5.19), 结合式(5.17), 有

$$\pi_{\mathrm{au}}(n_e + k, 1) = \rho_2^k \frac{\rho_1^{n_e - N}(1 - \rho_1^N)}{1 - \rho_1} \rho \pi_{\mathrm{au}}(0, 0), \quad k = 2, 3, \cdots. \quad (5.21)$$

由于当 $k = 0$, 1 时，式(5.21)依然成立，有

$$\pi_{\mathrm{au}}(n_e + k, 1) = \rho_2^k \frac{\rho_1^{n_e - N}(1 - \rho_1^N)}{1 - \rho_1} \rho \pi_{\mathrm{au}}(0, 0), \quad k = 0, 1, 2, \cdots.$$

利用概率正规化条件：

$$\sum_{k=0}^{N-1} \pi_{\mathrm{au}}(k, 0) + \sum_{k=1}^{N-1} \pi_{\mathrm{au}}(k, 1) + \sum_{k=0}^{n_e - N - 1} \pi_{\mathrm{au}}(N + k, 1) + \sum_{k=0}^{+\infty} \pi_{\mathrm{au}}(n_e + k, 1) = 1,$$

可以求得

$$\pi_{\mathrm{au}}(0, 0) = (1 - \rho_1) \left[N(1 - \rho_1 + \rho) - \rho \rho_1^{n_e - N}(1 - \rho_1^N) \left(\frac{1}{1 - \rho_1} - \frac{1}{1 - \rho_2} \right) \right]^{-1}.$$

证毕。

根据定理 5.1，第二类顾客来到系统时，系统服务台处于 1 状态的概率 P_1 为：

$$P_1 = \sum_{k=1}^{N-1} \pi_{\mathrm{au}}(k, 1) + \sum_{k=0}^{n_e - N - 1} \pi_{\mathrm{au}}(N + k, 1) + \sum_{k=0}^{\infty} \pi_{\mathrm{au}}(n_e + k, 1)$$

$$= \frac{\rho}{1 - \rho_1} \left[N - \rho_1^{n_e - N}(1 - \rho_1^N) \left(\frac{1}{1 - \rho_1} - \frac{1}{1 - \rho_2} \right) \right] \pi_{\mathrm{au}}(0, 0).$$

第二类顾客来到时观察到服务台状态为 1 且加入的期望逗留时间为：

$$E[W_{1, \mathrm{au}} \mid 1] = \left[\sum_{k=1}^{N-1} \frac{k+1}{\mu} \pi_{\mathrm{au}}(k, 1) + \sum_{k=0}^{n_e - N - 1} \frac{N + k + 1}{\mu} \pi_{\mathrm{au}}(N + k, 1) \right.$$

$$\left. + \sum_{k=0}^{\infty} \frac{n_e + k + 1}{\mu} \pi_{\mathrm{au}}(n_e + k, 1) \right] / P_1$$

$$= \left(\frac{N(N+1)}{2} + \frac{N}{1 - \rho_1} - \rho_1^{n_e - N}(1 - \rho_1^N) \right.$$

$$\left(\frac{n_e}{1 - \rho_1} + \frac{1}{(1 - \rho_1)^2} - \frac{n_e}{1 - \rho_2} - \frac{1}{(1 - \rho_2)^2} \right) \right) / \mu P_1.$$

第二类顾客在 1 状态加入的期望净收益为：

$$U_{1, \mathrm{au}}(q_1) = R - CE[W_{1, \mathrm{au}} \mid 1].$$

令 $U_{1, \mathrm{au}}(q_1) = 0$，得到的解为第二类顾客的均衡策略 q_1^e。由于模型中涉及较多参数（α, q_1, ρ, N, ν），我们无法求得 q_1^e 的精确表达式。在本章的数值算例部

分，通过数值方法求得了 q_1^e，从而分析了系统各个参数 (N, ρ, ν) 对第二类顾客均衡策略的影响。

5.3.2　社会最优策略

本部分中，通过优化第一类顾客的止步门限 n 和第二类顾客的加入概率 $q_i(q_i \in (0, 1], i = 0, 1)$ 来优化社会福利。令 n^* 和 $q_i^*(i = 0, 1)$ 分别表示第一类顾客的最优止步门限和第二类顾客的最优加入概率。

在 Guo 和 Hassin（2011）中的完全可见情况下，若社会福利为正，有两种情况成立：（1）$n^* \geqslant N$；（2）$n^* \in \{1, 2, \cdots, N - 1\}$。本部分考虑第一类顾客的社会最优策略，因此也考虑以上两种情况。在情况 2 下，当系统处于 0 状态时，所有顾客加入系统，而当系统处于 1 状态时，第一类顾客根据最优止步门限 n^* 加入系统。为了寻找使社会福利最大的两类顾客策略，先来求解系统的稳态分布，然后构建社会福利表达式。两种情况下的社会福利分别用 $\mathrm{SW}_{\mathrm{au}}^1(n, q_0, q_1)$ 和 $\mathrm{SW}_{\mathrm{au}}^2(n, q_0, q_1)$ 表示，最优社会福利为 $\mathrm{SW}_{\mathrm{au}}(n, q_0, q_1) = \max\{\mathrm{SW}_{\mathrm{au}}^1(n, q_0, q_1), \mathrm{SW}_{\mathrm{au}}^2(n, q_0, q_1)\}$。

（1）当 $n^* \geqslant N$ 时，在 0 状态，系统的来到率为 $\lambda_1 + \lambda_0$。在 1 状态，当 $n < n^*$ 时，来到率为 $\lambda_1 + \lambda_1$，当 $n \geqslant n^*$ 时，来到率为 λ_1。系统的状态转移图如下所示：

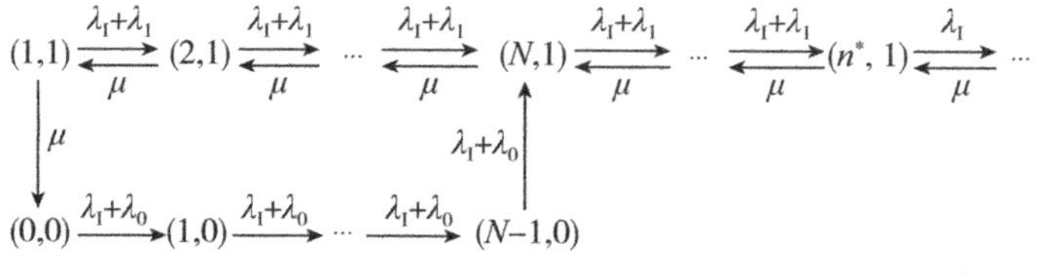

图 5.3　几乎不可见情况下的状态转移图（$n^* \geqslant N$）

令系统的稳态概率为 $\pi_{\mathrm{au}}(k, i)$，$(k, i) \in \Omega_{\mathrm{au}}$，其中，$k$ 是系统中的顾客数，i 是服务台状态。定理 5.2 给出 $n^* \geqslant N$ 时几乎不可见情况下系统的稳态概率分布。

定理 5.2　在有异质信息顾客的几乎不可见 *N*- 策略休假排队系统中，当第一类顾客的最优止步门限 $n^*(n^* \geqslant N)$ 时，第二类顾客根据混合策略 (q_0, q_1)，$0 \leqslant q_0,$

$q_1 \leq 1$ 决定是否加入系统，系统的稳态概率为：

$$\pi_{\mathrm{au}}(k, 1) = \frac{1 - \rho_1^n}{1 - \rho_1} \rho_3 \pi_{\mathrm{au}}(0, 0), \quad k = 1, 2, \cdots, N - 1,$$

$$\pi_{\mathrm{au}}(k, 0) = \pi_{\mathrm{au}}(0, 0), \quad k = 1, 2, \cdots, N - 1,$$

$$\pi_{\mathrm{au}}(N + k, 1) = \frac{\rho_1^n (1 - \rho_1^N)}{1 - \rho_1} \rho_3 \pi_{\mathrm{au}}(0, 0), \quad k = 0, 1, \cdots, n - N - 1,$$

$$\pi_{\mathrm{au}}(n + k, 1) = \rho_2^k \frac{\rho_1^{n-N} (1 - \rho_1^N)}{1 - \rho_1} \rho_3 \pi_{\mathrm{au}}(0, 0), \quad k = 0, 1, 2, \cdots.$$

其中，

$$\rho_1 = \frac{\lambda_{\mathrm{I}} + \lambda_1}{\mu}, \quad \rho_2 = \frac{\lambda_1}{\mu}, \quad \rho_3 = \frac{\lambda_{\mathrm{I}} + \lambda_0}{\mu},$$

$$\pi_{\mathrm{au}}(0, 0) = (1 - \rho_1) \left[N(1 - \rho_1 + \rho_3) - \rho_3 \rho_1^{n-N}(1 - \rho_1^N)\left(\frac{1}{1 - \rho_1} - \frac{1}{1 - \rho_2} \right) \right]^{-1}.$$

证明 根据状态转移图，有如下平衡方程：

$$(\lambda_{\mathrm{I}} + \lambda_0)\pi_{\mathrm{au}}(0, 0) = \mu \pi_{\mathrm{au}}(1, 1),$$

$$\pi_{\mathrm{au}}(k, 0) = \pi_{\mathrm{au}}(k + 1, 0), \quad k = 0, 1, \cdots, N - 2,$$

$$(\lambda_{\mathrm{I}} + \lambda_1 + \mu)\pi_{\mathrm{au}}(1, 1) = \mu \pi_{\mathrm{au}}(2, 1),$$

$$(\lambda_{\mathrm{I}} + \lambda_1 + \mu)\pi_{\mathrm{au}}(k, 1) = (\lambda_{\mathrm{I}} + \lambda_1)\pi_{\mathrm{au}}(k - 1, 1) + \mu \pi_{\mathrm{au}}(k + 1, 1),$$

$$k = 2, \cdots, N - 1,$$

$$(\lambda_{\mathrm{I}} + \lambda_1 + \mu)\pi_{\mathrm{au}}(N, 1) = (\lambda_{\mathrm{I}} + \lambda_1)\pi_{\mathrm{au}}(N - 1, 1) + (\lambda_{\mathrm{I}} + \lambda_0)\pi_{\mathrm{au}}(N - 1, 0) +$$

$$\mu \pi_{\mathrm{au}}(N + 1, 1),$$

$$(\lambda_{\mathrm{I}} + \lambda_1 + \mu)\pi_{\mathrm{au}}(N + k, 1) = (\lambda_{\mathrm{I}} + \lambda_1)\pi_{\mathrm{au}}(N + k - 1, 1) + \mu \pi_{\mathrm{au}}(N + k + 1,$$

$$1), \quad k = 1, \cdots, n - N - 1,$$

$$(\lambda_1 + \mu)\pi_{\mathrm{au}}(n, 1) = (\lambda_{\mathrm{I}} + \lambda_1)\pi_{\mathrm{au}}(n - 1, 1) + \mu \pi_{\mathrm{au}}(n + 1, 1),$$

$$(\lambda_1 + \mu)\pi_{\mathrm{au}}(n + k, 1) = \lambda_{\mathrm{au}}\pi_{\mathrm{au}}(n + k - 1, 1) + \mu \pi_{\mathrm{au}}(n + k + 1, 1),$$

$$k = 1, 2, \cdots.$$

此平衡方程与定理 5.1 中的平衡方程类似，仿照定理 5.1 的求解过程，并结合概率归一化条件，定理 5.2 可证。

证毕。

根据定理 5.2，第一类顾客的期望净收益为：

$$
\begin{aligned}
U_I(n, q_0, q_1) &= \sum_{k=0}^{N-1} \pi_{\mathrm{au}}(k, 0)\left[R - C\left(\frac{k+1}{\mu} + \frac{N-(k+1)}{\lambda}\right)\right] \\
&\quad + \sum_{k=1}^{N-1} \pi_{\mathrm{au}}(k, 1)\left(R - C\frac{k+1}{\mu}\right) \\
&\quad + \sum_{k=0}^{n-N-1} \pi_{\mathrm{au}}(N+k, 1)\left(R - C\frac{N+k+1}{\mu}\right) \\
&= \left[\left(N\frac{1-\rho_1+\rho_3}{1-\rho_1} - \rho_3\frac{\rho_1^{n-N}(1-\rho_1^N)}{(1-\rho_1)^2}\right)R\right. \\
&\quad - \frac{C}{\mu}\left(\frac{N(N+1)}{2} + \frac{N(N+1)\rho_3}{2(1-\rho_1)} + \frac{N(N-1)}{2\rho_3}\right. \\
&\quad \left.\left. + \frac{N\rho_3}{(1-\rho_1)^2} - \rho_3\frac{\rho_1^{n-N}(1-\rho_1^N)}{(1-\rho_1)^2}\left(n + \frac{1}{1-\rho_1}\right)\right)\right]\pi_{\mathrm{au}}(0, 0).
\end{aligned}
$$

第二类顾客在 0 状态的期望净收益为：

$$
\begin{aligned}
U_{0,\mathrm{au}}(n, q_0, q_1) &= \sum_{k=0}^{N-1} \pi_{\mathrm{au}}(k, 0)\left(R - C\left(\frac{k+1}{\mu} + \frac{N-(k+1)}{\lambda_I + \lambda_0}\right)\right) \\
&= \left(R - \frac{C}{\mu}\left(\frac{N+1}{2} + \frac{N-1}{2\rho_3}\right)\right)N\pi_{\mathrm{au}}(0, 0).
\end{aligned}
$$

第二类顾客在 1 状态的期望净收益为：

$$
\begin{aligned}
U_{1,\mathrm{au}}(n, q_0, q_1) &= \sum_{k=1}^{N-1} \pi_{\mathrm{au}}(k, 1)\left(R - C\frac{k+1}{\mu}\right) \\
&\quad + \sum_{k=0}^{n-N-1} \pi_{\mathrm{au}}(N+k, 1)\left(R - C\frac{N+k+1}{\mu}\right)n \\
&\quad + \sum_{k=0}^{\infty} \pi_{\mathrm{au}}(n+k, 1)\left(R - C\frac{n+k+1}{\mu}\right) \\
&= \left[\left(N - \rho_1^{n-N}(1-\rho_1^N)\left(\frac{1}{1-\rho_1} - \frac{1}{1-\rho_2}\right)\right)R\right. \\
&\quad - \frac{C}{\mu}\left(\frac{N(N+1)}{2} + \frac{N}{1-\rho_1} - (1-\rho_1^N)\rho_1^{n-N}\right. \\
&\quad \left.\left.\left(\frac{n}{1-\rho_1} + \frac{1}{(1-\rho_1)^2} - \frac{n}{1-\rho_2} - \frac{1}{(1-\rho_2)^2}\right)\right)\right]\frac{\rho_3\pi_{\mathrm{au}}(0, 0)}{1-\rho_1}.
\end{aligned}
$$

社会福利为：

$$SW_{au}^1(n, q_0, q_1) = U_I(n, q_0, q_1)\lambda_1 + U_{0, au}(n, q_0, q_1)\lambda_0$$
$$+ U_{1, au}(n, q_0, q_1)\lambda_1.$$

（2）当 $n^* \in \{1, 2, \cdots, N-1\}$ 时，当系统状态为 $(n^*, 1)$ 时，会限制第一类顾客加入，而当系统状态为 $(n^*, 0)$ 时，会引导第一类顾客加入。由之前的分析可知，第二类顾客在 0 状态的来到率 $\lambda_0 = q_0\lambda_{II}$，在 1 状态的来到率 $\lambda_1 = q_1\lambda_{II}$。当系统处于 0 状态时，系统的来到率为 $\lambda_I + \lambda_0$，当系统中顾客数 $k < n$ 且系统处于 1 状态时，系统的来到率为 $\lambda_I + \lambda_1$，当系统中顾客数 $k \geq n$ 且系统处于 1 状态时，系统的来到率为 λ_I。系统的状态转移图如图 5.4 所示：

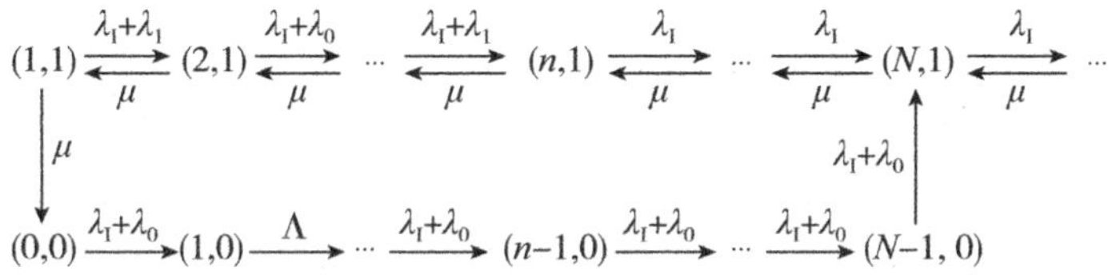

图 5.4　几乎不可见情况下的状态转移图（$n^* < N$）

令系统的稳态概率为 $\pi_{au}(k, i)$，$(k, i) \in \Omega_{au}$，其中，k 是系统中的顾客数，i 是服务台状态。定理 5.3 给出 $n^* \in \{1, 2, \cdots, N-1\}$ 时几乎不可见情况下系统的稳态概率分布。

定理 5.3　在有异质信息顾客的几乎不可见 N-策略休假排队系统中，当第一类顾客根据止步门限 $n^* \in \{1, 2, \cdots, N-1\}$ 时，第二类顾客根据混合策略 (q_0, q_1)，$0 \leq q_0, q_1 \leq 1$ 决定是否加入系统，系统的稳态概率为：

$$\pi_{au}(k, 0) = \pi_{au}(0, 0), \quad k = 1, 2, \cdots, N-1,$$

$$\pi_{au}(k, 1) = \frac{1-\rho_1^k}{1-\rho_1}\rho_3\pi_{au}(0, 0), \quad k = 1, 2, \cdots, n-1,$$

$$\pi_{au}(k, 1) = \frac{1-\rho_2^{k-n}\xi}{1-\rho_2}\rho_3\pi_{au}(0, 0), \quad k = n, \cdots, N-1,$$

$$\pi_{au}(N+k, 1) = \frac{\rho_2^k}{1-\rho_2}(1-\rho_2^{N-n}\xi)\rho_3\pi_{au}(0, 0), \quad k = 0, 1, \cdots.$$

其中，

$$\rho_1 = \frac{\lambda_1 + \lambda_1}{\mu}, \quad \rho_2 = \frac{\lambda_1}{\mu}, \quad \rho_3 = \frac{\lambda_1 + \lambda_0}{\mu}, \quad \xi = \frac{\rho_2 - \rho_1 + \rho_1^n(1 - \rho_2)}{1 - \rho_1},$$

$$\pi_{au}(0, 0) = \left[N + \frac{\rho_3}{1 - \rho_1}\left(n - \frac{1 - \rho_1^n}{1 - \rho_1} \right) + \frac{\rho_3}{1 - \rho_2}\left(N - n + \frac{1 - \xi}{1 - \rho_2} \right) \right]^{-1}.$$

证明　根据状态转移图，有如下平衡方程：

$$(\lambda_1 + \lambda_0)\pi_{au}(0, 0) = \mu\pi_{au}(1, 1), \tag{5.22}$$

$$\pi_{au}(k, 0) = \pi_{au}(k + 1, 0), \quad k = 0, 1, \cdots, N - 2, \tag{5.23}$$

$$(\lambda_1 + \lambda_1 + \mu)\pi_{au}(1, 1) = \mu\pi_{au}(2, 1), \tag{5.24}$$

$$(\lambda_1 + \lambda_1 + \mu)\pi_{au}(k, 1) = (\lambda_1 + \lambda_1)\pi_{au}(k - 1, 1) + \mu\pi_{au}(k + 1, 1),$$
$$k = 2, \cdots, n - 1, \tag{5.25}$$

$$(\lambda_1 + \mu)\pi_{au}(n, 1) = (\lambda_1 + \lambda_1)\pi_{au}(n - 1, 1) + \mu\pi_{au}(n + 1, 1), \tag{5.26}$$

$$(\lambda_1 + \mu)\pi_{au}(k, 1) = \lambda_1\pi_{au}(k - 1, 1) + \mu\pi_{au}(k + 1, 1), \quad k = n + 1, \cdots, N - 1, \tag{5.27}$$

$$(\lambda_1 + \mu)\pi_{au}(N, 1) = \lambda_1\pi_{au}(N - 1, 1) + \mu\pi_{au}(N + 1, 1) + (\lambda_1 + \lambda_0)\pi_{au}(N - 1, 0), \tag{5.28}$$

$$(\lambda_1 + \mu)\pi_{au}(N + k, 1) = \lambda_1\pi_{au}(N + k - 1, 1) + \mu\pi_{au}(N + k + 1, 1),$$
$$k = 1, 2, \cdots. \tag{5.29}$$

根据式(5.23)，有：

$$\pi_{au}(k, 0) = \pi_{au}(0, 0), \quad k = 1, 2, \cdots, N - 1. \tag{5.30}$$

式(5.25) 可以变形为：

$$\pi_{au}(k, 1) = \pi_{au}(k - 1, 1) + \rho_1^{k-2}[\pi_{au}(2, 1) - \pi_{au}(1, 1)], \quad k = 3, \cdots, n. \tag{5.31}$$

由式(5.24)，有

$$\pi_{au}(2, 1) = (1 + \rho_1)\pi_{au}(1, 1). \tag{5.32}$$

由式(5.22)，有

$$\pi_{au}(1, 1) = \rho_3\pi_{au}(0, 0). \tag{5.33}$$

将式(5.32) 和式(5.33) 代入式(5.31)，有

$$\pi_{\mathrm{au}}(k,\ 1) = \frac{1 - \rho_1^k}{1 - \rho_1}\rho_3\pi_{\mathrm{au}}(0,\ 0),\qquad k = 3,\ \cdots,\ n. \tag{5.34}$$

由于当 $k = 1,\ 2$ 时，式(5.13) 依然成立，故有

$$\pi_{\mathrm{au}}(k,\ 1) = \frac{1 - \rho_1^k}{1 - \rho_1}\rho_3\pi_{\mathrm{au}}(0,\ 0),\qquad k = 1,\ 2,\ \cdots,\ n. \tag{5.35}$$

式(5.27) 可以变形为：

$$\pi_{\mathrm{au}}(k,\ 1) = \pi_{\mathrm{au}}(k - 1,\ 1) + \rho_2^{k-n-1}\big[\pi_{\mathrm{au}}(n + 1,\ 1) - \pi_{\mathrm{au}}(n,\ 1)\big]$$

$$= \pi_{\mathrm{au}}(n + 1,\ 1) + \frac{\rho_2 - \rho_2^{k-n}}{1 - \rho_2}\big[\pi_{\mathrm{au}}(n + 1,\ 1) - \pi_{\mathrm{au}}(n,\ 1)\big],$$

$$k = n + 2,\ \cdots,\ N. \tag{5.36}$$

根据式(5.26)，结合式(5.35)，有

$$\pi_{\mathrm{au}}(n + 1,\ 1) = \left(1 + \rho_2\frac{1 - \rho_1^n}{1 - \rho_1}\right)\rho\pi_{\mathrm{au}}(0,\ 0). \tag{5.37}$$

将式(5.37) 代入式(5.36)，令 $\xi = \dfrac{\rho_2 - \rho_1 + \rho_1^n(1 - \rho_2)}{1 - \rho_1}$，有

$$\pi_{\mathrm{au}}(k,\ 1) = \frac{1 - \rho_2^{k-n}\xi}{1 - \rho_2}\rho_3\pi_{\mathrm{au}}(0,\ 0),\qquad k = n + 2,\ \cdots,\ N. \tag{5.38}$$

由于当 $k = n + 1$，式(5.38) 依然成立，有

$$\pi_{\mathrm{au}}(k,\ 1) = \frac{1 - \rho_2^{k-n}\xi}{1 - \rho_2}\rho_3\pi_{\mathrm{au}}(0,\ 0),\qquad k = n + 1,\ \cdots,\ N. \tag{5.39}$$

式(5.29) 可以变形为：

$$\pi_{\mathrm{au}}(N + k,\ 1) = \pi_{\mathrm{au}}(N + k - 1,\ 1) + \rho_2^{k-1}\big[\pi_{\mathrm{au}}(N + 1,\ 1) - \pi_{\mathrm{au}}(N,\ 1)\big]$$

$$= \pi_{\mathrm{au}}(N + 1,\ 1) + \frac{\rho_2 - \rho_2^k}{1 - \rho_2}\big[\pi_{\mathrm{au}}(N + 1,\ 1) - \pi_{\mathrm{au}}(N,\ 1)\big],$$

$$k = 2,\ \cdots. \tag{5.40}$$

根据式(5.28)，有

$$\pi_{\mathrm{au}}(N + 1,\ 1) = \frac{\rho_2(1 - \rho_2^{N-n}\xi)}{1 - \rho_2}\rho_3\pi_{\mathrm{au}}(0,\ 0). \tag{5.41}$$

将式(5.41) 代入式(5.40)，结合式(5.39)，有

$$\pi_{au}(N + k,\ 1) = \frac{\rho_2^k}{1 - \rho_2}(1 - \rho_2^{N-n}\xi)\rho_3\pi_{au}(0,\ 0),\quad k = 2,\ \cdots. \quad (5.42)$$

由于当 $k = 0$，1 时，式(5.42) 依然成立，有

$$\pi_{au}(N + k,\ 1) = \frac{\rho_2^k}{1 - \rho_2}(1 - \rho_2^{N-n}\xi)\rho_3\pi_{au}(0,\ 0),\quad k = 0,\ 1,\ \cdots. \quad (5.43)$$

利用概率正规化条件：

$$\sum_{k=0}^{N-1}\pi_{au}(k,\ 0) + \sum_{k=1}^{n-1}\pi_{au}(k,\ 1) + \sum_{k=n}^{N-1}\pi_{au}(k,\ 1) + \sum_{k=0}^{+\infty}\pi_{au}(N + k,\ 1) = 1,$$

可以求得

$$\pi_{au}(0,\ 0) = \left[N + \frac{\rho_3}{1 - \rho_1}\left(n - \frac{1 - \rho_1^n}{1 - \rho_1} \right) + \frac{\rho_3}{1 - \rho_2}\left(N - n + \frac{1 - \xi}{1 - \rho_2} \right) \right]^{-1}.$$

证毕。

根据定理5.3，第一类顾客的期望净收益为：

$$
\begin{aligned}
U_I(n,\ q_0,\ q_1) &= \sum_{k=0}^{N-1}\pi_{au}(k,\ 0)\left[R - C\left(\frac{k+1}{\mu} + \frac{N - (k+1)}{\lambda_I + \lambda_0} \right) \right] \\
&\quad + \sum_{k=1}^{n-1}\pi_{au}(k,\ 1)\left(R - C\frac{k+1}{\mu} \right) \\
&= \left[\left(\left(N + \frac{\rho_3}{1-\rho_1}\left(n - \frac{1-\rho_1^n}{1-\rho_1} \right) \right)R - \frac{C}{\mu}\left(\frac{N(N+1)}{2} + \frac{N(N-1)}{2\rho_3} \right. \right. \right. \\
&\quad \left. \left. \left. + \frac{\rho_3}{1-\rho_1}\left(\frac{n(n+1)}{2} - \frac{1 - (n+1)\rho_1^n + n\rho_1^{n+1}}{(1-\rho_1)^2} \right) \right) \right]\pi_{au}(0,\ 0). \right.
\end{aligned}
$$

第二类顾客在 0 状态的期望净收益为：

$$
\begin{aligned}
U_{0,\ au}(n,\ q_0,\ q_1) &= \sum_{k=0}^{N-1}\pi_{au}(k,\ 0)\left[R - C\left(\frac{k+1}{\mu} + \frac{N - (k+1)}{\lambda_I + \lambda_0} \right) \right] \\
&= \left(NR - \frac{C}{\mu}\left(\frac{N(N+1)}{2} + \frac{N(N-1)}{2\rho_3} \right) \right)\pi_{au}(0,\ 0).
\end{aligned}
$$

第二类顾客在 1 状态的期望净收益为：

$$
\begin{aligned}
U_{1,\ au}(n,\ q_0,\ q_1) &= \sum_{k=1}^{n-1}\pi_{au}(k,\ 1)\left[R - C\frac{k+1}{\mu} \right] + \sum_{k=n}^{N-1}\pi_{au}(k,\ 1)\left(R - C\frac{k+1}{\mu} \right) \\
&\quad + \sum_{k=0}^{\infty}\pi_{au}(N + k,\ 1)\left(R - C\frac{N + k + 1}{\mu} \right)
\end{aligned}
$$

$$= \left(\frac{1}{1-\rho_1} \left(n - \frac{1-\rho_1^n}{1-\rho_1} \right) + \frac{1}{1-\rho_2} \left(N - n + \frac{1-\xi}{1-\rho_2} \right) \right) R$$

$$- \frac{C}{\mu} \left(\frac{1}{1-\rho_1} \left(\frac{n(n+1)}{2} - \frac{1-(n+1)\rho_1^n + n\rho_1^{n+1}}{(1-\rho_1)^2} \right) \right.$$

$$\left. + \frac{1}{1-\rho_2} \left(\frac{(N-n)(N+n+1)}{2} + \frac{N-\xi n}{1-\rho_2} + \frac{1-\xi}{(1-\rho_2)^2} \right) \right)$$

$$\rho_3 \pi_{au}(0, 0).$$

社会福利为：

$$SW_{au}^2(n, q_0, q_1) = U_1(n, q_0, q_1)\lambda_1 + U_{0,au}(n, q_0, q_1)\lambda_0$$
$$+ U_{1,au}(n, q_0, q_1)\lambda_1.$$

由于模型中涉及较多参数（α，q，ρ，N，ν），社会福利 $SW_{au}(n, q_0, q_1)$ 是一个复杂非线性的表达式，我们的目的是寻找使得社会福利最大的两类顾客最优加入策略 n^* 和 q_i^*（$i = 0, 1$），社会福利最大化问题可以描述为：

$$SW_{fu}^1(n^*, q_{fu}^*) = \max_{\substack{n \geq N \\ q_{fu} \in [0, 1]}} SW_{fu}^1(n, q_{fu}),$$

$$SW_{fu}^2(n^*, q_{fu}^*) = \max_{\substack{n \in \{1, 2, \cdots, N-1\} \\ q_{fu} \in [0, 1]}} SW_{fu}^2(n, q_{fu}),$$

$$SW_{fu}^*(n^*, q_{fu}^*) = \max\{SW_{fu}^1(n^*, q_{fu}^*), SW_{fu}^2(n^*, q_{fu}^*)\}.$$

5.4 完全不可见情况

本部分中，第二类顾客在 t 时刻来到系统时，既不知道系统中顾客数 $N(t)$，也不知道系统服务台状态 $I(t)$。第一类顾客的策略仍然是一个门限策略 n，即第一类顾客观察到系统中顾客数不多于 n 时选择加入，否则不加入。第二类顾客的策略是混合策略 $q_{fu} \in [0, 1]$，即第二类顾客来到系统时，以概率 q_{fu} 加入系统。此排队系统是二维马尔可夫过程，其状态空间为：

$$\Omega_{fu} = \{(k, 0), 0 \leq k \leq N-1\} \cup \{(k, 1), k \geq 1\}.$$

5.4.1　顾客均衡策略

本部分中，第一类顾客根据均衡门限策略 n_e 选择是否加入系统，第二类顾客没有任何系统信息，加入策略为概率 $q_{fu} \in [0, 1]$，来到率为 $\lambda_{fu} = q_{fu}\lambda_{II}$。因此，当系统中顾客数 $k < n_e$ 时，系统顾客的来到率为 $\lambda_1 + \lambda_{fu}$，当系统中的顾客数 $k \geqslant n_e$ 时，系统顾客的来到率为 λ_{fu}。下面分析第二类顾客的均衡加入概率 q_{fu}^e。系统的状态转移图如下图所示：

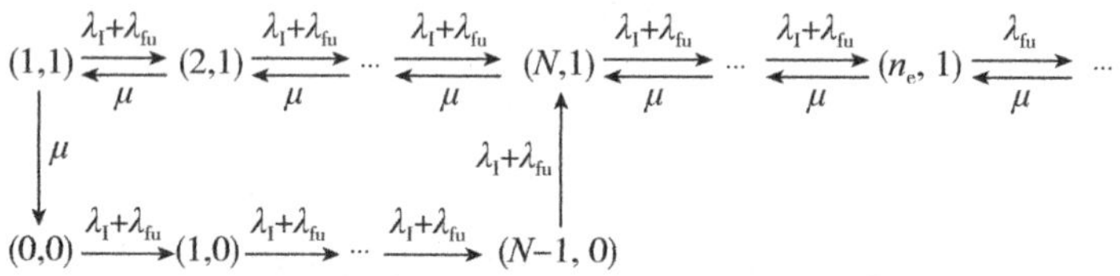

图 5.5　完全不可见情况下的状态转移图

令系统的稳态概率为 $\pi_{fu}(k, i)$，$(k, i) \in \Omega_{fu}$，其中，k 是系统中的顾客数，i 是服务台状态。定理 5.1 给出完全不可见情况下系统的稳态概率分布。

定理 5.1　在有异质信息顾客的完全不可见 N- 策略休假排队系统中，均衡条件下，第一类顾客根据均衡门限 $n_e(n_e \geqslant N)$ 决定是否加入系统，第二类顾客根据概率 q_{fu} 加入系统，系统的稳态概率为：

$$\pi_{fu}(k, 0) = \pi_{fu}(0, 0), \quad k = 1, 2, \cdots, N - 1,$$

$$\pi_{fu}(k, 1) = \frac{\rho_1 - \rho_1^{k+1}}{1 - \rho_1}\pi_{fu}(0, 0), \quad k = 1, 2, \cdots, N - 1,$$

$$\pi_{fu}(N + k, 1) = \frac{\rho_1^{k+1}(1 - \rho_1^N)}{1 - \rho_1}\pi_{fu}(0, 0), \quad k = 0, 1, \cdots, n_e - N - 1,$$

$$\pi_{fu}(n_e + k, 1) = \rho_2^k\frac{\rho_1^{n_e - N + 1}(1 - \rho_1^N)}{1 - \rho_1}\pi_{fu}(0, 0), \quad k = 0, 1, 2, \cdots.$$

其中，

$$\rho_1 = \frac{\lambda_1 + \lambda_{fu}}{\mu}, \quad \rho_2 = \frac{\lambda_{fu}}{\mu},$$

$$\pi_{\mathrm{fu}}(0,\ 0) = (1 - \rho_1) \left[N - \rho_1^{n_e - N + 1} (1 - \rho_1^N) \left(\frac{1}{1 - \rho_1} - \frac{1}{1 - \rho_2} \right) \right]^{-1}.$$

证明 根据状态转移图,有如下平衡方程:

$$(\lambda_1 + \lambda_{\mathrm{fu}}) \pi_{\mathrm{fu}}(0,\ 0) = \mu \pi_{\mathrm{fu}}(1,\ 1), \tag{5.44}$$

$$\pi_{\mathrm{fu}}(k,\ 0) = \pi_{\mathrm{fu}}(k + 1,\ 0), \quad k = 0,\ 1,\ \cdots,\ N - 2, \tag{5.45}$$

$$(\lambda_1 + \lambda_{\mathrm{fu}}) [\pi_{\mathrm{fu}}(0,\ 0) + \pi_{\mathrm{fu}}(k,\ 1)] = \mu \pi_{\mathrm{fu}}(k + 1,\ 1),$$

$$k = 1,\ 2,\ \cdots,\ N - 1, \tag{5.46}$$

$$(\lambda_1 + \lambda_{\mathrm{fu}}) \pi_{\mathrm{fu}}(N + k,\ 1) = \mu \pi_{\mathrm{fu}}(N + k + 1,\ 1), \quad k = 1,\ \cdots,\ n_e - N - 1, \tag{5.47}$$

$$(\lambda_1 + \lambda_{\mathrm{fu}} + \mu) \pi_{\mathrm{fu}}(N,\ 1) = (\lambda_1 + \lambda_{\mathrm{fu}}) [\pi_{\mathrm{fu}}(N - 1,\ 1) + \pi_{\mathrm{fu}}(N - 1,\ 0)] +$$

$$\mu \pi_{\mathrm{fu}}(N + 1,\ 1), \tag{5.48}$$

$$\lambda_{\mathrm{fu}} \pi_{\mathrm{fu}}(n_e + k,\ 1) = \mu \pi_{\mathrm{fu}}(n_e + k + 1,\ 1), \quad k = 0,\ 1,\ \cdots. \tag{5.49}$$

根据式(5.45),有:

$$\pi_{\mathrm{fu}}(k,\ 0) = \pi_{\mathrm{fu}}(0,\ 0), \quad k = 1,\ 2,\ \cdots,\ N - 1. \tag{5.50}$$

式(5.46)可以变形为:

$$\pi_{\mathrm{fu}}(k,\ 1) = \rho_1 \pi_{\mathrm{fu}}(0,\ 0) + \rho_1 \pi_{\mathrm{fu}}(k - 1,\ 1), \quad k = 2,\ \cdots,\ N. \tag{5.51}$$

将式(5.44)代入式(5.51),通过迭代,有

$$\pi_{\mathrm{fu}}(k,\ 1) = \frac{\rho_1 - \rho_1^{k+1}}{1 - \rho_1} \pi_{\mathrm{fu}}(0,\ 0), \quad k = 2,\ \cdots,\ N. \tag{5.52}$$

由于当 $k = 1$ 时,式(5.52)依然成立,故有

$$\pi_{\mathrm{fu}}(k,\ 1) = \frac{\rho_1 - \rho_1^{k+1}}{1 - \rho_1} \pi_{\mathrm{fu}}(0,\ 0), \quad k = 1,\ 2,\ \cdots,\ N. \tag{5.53}$$

式(5.47)可以变形为:

$$\pi_{\mathrm{fu}}(N + k,\ 1) = \rho_1^{k-1} \pi_{\mathrm{fu}}(N + 1,\ 1), \quad k = 2,\ \cdots,\ n_e - N. \tag{5.54}$$

根据式(5.48),结合式(5.53),有

$$\pi_{\mathrm{fu}}(N + 1,\ 1) = \rho_1^2 \frac{1 - \rho_1^N}{1 - \rho_1} \pi_{\mathrm{fu}}(0,\ 0). \tag{5.55}$$

将式(5.55)代入式(5.54),有

$$\pi_{\mathrm{fu}}(N+k,\ 1) = \frac{\rho_1^{k+1}(1-\rho_1^N)}{1-\rho_1}\pi_{\mathrm{fu}}(0,\ 0),\quad k=2,\ \cdots,\ n_{\mathrm{e}}-N. \quad (5.56)$$

由于当 $k=0$，1 时，式(5.56)依然成立，有

$$\pi_{\mathrm{fu}}(N+k,\ 1) = \frac{\rho_1^{k+1}(1-\rho_1^N)}{1-\rho_1}\pi_{\mathrm{fu}}(0,\ 0),\quad k=0,\ 1,\ \cdots,\ n_{\mathrm{e}}-N. \quad (5.57)$$

式(5.49)可以变形为：

$$\pi_{\mathrm{fu}}(n_{\mathrm{e}}+k,\ 1) = \rho_2^k\pi_{\mathrm{fu}}(n_{\mathrm{e}}+k-1,\ 1),\quad k=2,\ \cdots. \quad (5.58)$$

令式(5.57)中 $k=n_{\mathrm{e}}-N$，有

$$\pi_{\mathrm{fu}}(n_{\mathrm{e}}+1,\ 1) = \rho_1^{n_{\mathrm{e}}-N+1}\frac{1-\rho_1^N}{1-\rho_1}\pi_{\mathrm{fu}}(0,\ 0). \quad (5.59)$$

将式(5.59)代入式(5.58)，有

$$\pi_{\mathrm{fu}}(n_{\mathrm{e}}+k,\ 1) = \rho_2^k\frac{\rho_1^{n_{\mathrm{e}}-N+1}(1-\rho_1^N)}{1-\rho_1}\pi_{\mathrm{fu}}(0,\ 0),\quad k=2,\ \cdots. \quad (5.60)$$

由于当 $k=0$，1 时，式(5.60)依然成立，有

$$\pi_{\mathrm{fu}}(n_{\mathrm{e}}+k,\ 1) = \rho_2^k\frac{\rho_1^{n_{\mathrm{e}}-N+1}(1-\rho_1^N)}{1-\rho_1}\pi_{\mathrm{fu}}(0,\ 0),\quad k=0,\ 1,\ 2,\ \cdots.$$

利用概率正规化条件：

$$\sum_{k=0}^{N-1}\pi_{\mathrm{fu}}(k,\ 0) + \sum_{k=1}^{N-1}\pi_{\mathrm{fu}}(k,\ 1) + \sum_{k=0}^{n_{\mathrm{e}}-N-1}\pi_{\mathrm{fu}}(N+k,\ 1) + \sum_{k=0}^{+\infty}\pi_{\mathrm{fu}}(n_{\mathrm{e}}+k,\ 1) = 1,$$

可以求得

$$\pi_{\mathrm{fu}}(0,\ 0) = (1-\rho_1)\left[N - \rho_1^{n_{\mathrm{e}}-N+1}(1-\rho_1^N)\left(\frac{1}{1-\rho_1} - \frac{1}{1-\rho_2}\right)\right]^{-1}.$$

证毕。

根据定理 5.4，系统的平均队长为：

$$\begin{aligned}
\mathrm{E}[L_{\mathrm{fu}}] &= \sum_{k=1}^{N-1}k[\pi_{\mathrm{fu}}(k,\ 0) + \pi_{\mathrm{fu}}(k,\ 1)] + \sum_{k=0}^{n_{\mathrm{e}}-N-1}(N+k)\pi_{\mathrm{fu}}(N+k,\ 1) \\
&\quad + \sum_{k=0}^{\infty}(n_{\mathrm{e}}+k)\pi_{\mathrm{fu}}(n_{\mathrm{e}}+k,\ 1) \\
&= \left[\frac{N(N-1)}{2} + \frac{N(N-1)\rho_1}{2(1-\rho_1)} + \frac{N\rho_1}{(1-\rho_1)^2} - \frac{\rho_1^{n_{\mathrm{e}}-N+1}(1-\rho_1^N)}{1-\rho_1}\right.
\end{aligned}$$

$$\left(\frac{n_\mathrm{e}}{1-\rho_1} + \frac{\rho_1}{(1-\rho_1)^2} - \frac{n_\mathrm{e}}{1-\rho_2} - \frac{\rho_2}{(1-\rho_2)^2} \right) \right] \pi_\mathrm{fu}(0, 0).$$

第二类顾客的期望净收益为：

$$U_\mathrm{fu}(q_\mathrm{fu}) = R - C\left[\sum_{k=0}^{N-1} \pi_\mathrm{fu}(k, 0)\left(\frac{k+1}{\mu} + \frac{N-(k+1)}{\lambda_\mathrm{I} + \lambda_\mathrm{fu}} \right) + \sum_{k=1}^{N-1} \pi_\mathrm{fu}(k, 1)\frac{k+1}{\mu} \right.$$

$$\left. + \sum_{k=0}^{n_\mathrm{e}-N-1} \pi_\mathrm{fu}(N+k, 1)\frac{N+k+1}{\mu} + \sum_{k=0}^{\infty} \pi_\mathrm{fu}(n_\mathrm{e}+k, 1)\frac{n_\mathrm{e}+k+1}{\mu} \right]$$

$$= R - \frac{C}{\mu}\left[\frac{N}{1-\rho_1}\left(\frac{1}{1-\rho_1} + \frac{N-1}{2\rho_1} \right) + \frac{\rho_1^{n_\mathrm{e}-N+1}(1-\rho_1^N)}{1-\rho_1} \right.$$

$$\left. \left(\frac{n_\mathrm{e}}{1-\rho_2} + \frac{1}{(1-\rho_2)^2} - \frac{n_\mathrm{e}}{1-\rho_1} - \frac{1}{(1-\rho_1)^2} \right) \right] \pi_\mathrm{fu}(0, 0).$$

令 $U_\mathrm{fu}(q_\mathrm{fu}) = 0$，可以得到第二类顾客的均衡加入概率 q_fu^e。由于模型中涉及较多参数 $(\alpha, q_\mathrm{fu}, \lambda, \mu, N, \nu)$，我们无法求得 q_fu^e 的精确解。在本章的数值算例部分，通过数值方法求得了 q_fu^e，从而分析了系统各个参数 (N, ρ, ν) 对第二类顾客均衡策略的影响。

5.4.2 社会最优策略

本部分中，通过优化第一类顾客的止步门限 n 和第二类顾客的加入概率 q_fu 来优化社会福利。令 n^* 和 q_fu^* 分别表示第一类顾客的最优止步门限和第二类顾客的最优加入概率。

如果社会福利为正，有两种情况下成立：1. $n^* \geqslant N$；2. $n^* \in \{1, 2, \cdots, N-1\}$。在第二种情况下，当系统处于 0 状态时，所有第一类顾客加入系统，而当系统处于 1 状态时，第一类顾客的止步门限为 n，第二类顾客依然根据加入概率 q_fu 加入。为了寻找使社会福利最大的止步门限，先来求解系统的稳态分布，然后得到社会福利表达式。两种情况下的社会福利分别用 $\mathrm{SW}_\mathrm{fu}^1(n, q_\mathrm{fu})$ 和 $\mathrm{SW}_\mathrm{fu}^2(n, q_\mathrm{fu})$ 表示，最优社会福利为 $\mathrm{SW}_\mathrm{fu}(n, q_\mathrm{fu}) = \max\{\max\mathrm{SW}_\mathrm{fu}^1(n, q_\mathrm{fu}), \max\mathrm{SW}_\mathrm{fu}^2(n, q_\mathrm{fu})\}$。

（1）当 $n^* \geqslant N$ 时，由之前的分析可知，第二类顾客的来到率 $\lambda_\mathrm{fu} = q_\mathrm{fu}\lambda_\mathrm{II}$。当系统中顾客数 $k < n$ 时，顾客的来到率为 $\lambda_\mathrm{I} + \lambda_\mathrm{fu}$，当系统中的顾客数 $k \geqslant n$ 时，顾客

的来到率为 λ_{fu}。系统的状态转移图如下所示：

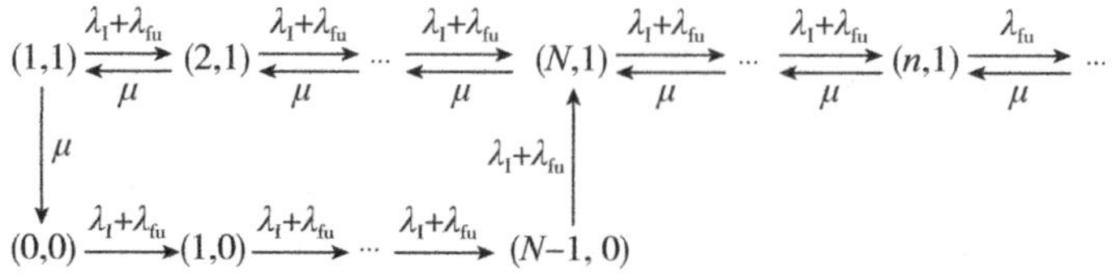

图 5.6　完全不可见情况下的状态转移图（$n^* \geqslant N$）

令系统的稳态概率为 $\pi_{\text{fu}}(k, i)$，$(k, i) \in \Omega_{\text{fu}}$，其中，$k$ 是系统中的顾客数，i 是服务台状态。定理 5.5 给出 $n^* \geqslant N$ 时完全不可见情况下系统的稳态概率分布。

定理5.5　在有异质信息顾客的完全不可见 *N*- 策略休假排队系统中，当第一类顾客的最优止步门限 $n^*(n^* \geqslant N)$ 时，第二类顾客根据混合策略 q_{fu}，$0 \leqslant q_{\text{fu}} \leqslant 1$ 决定是否加入系统，系统的稳态概率为：

$$\pi_{\text{fu}}(k, 1) = \frac{\rho_1 - \rho_1^{k+1}}{1 - \rho_1}\pi_{\text{fu}}(0, 0), \quad k = 1, 2, \cdots, N - 1,$$

$$\pi_{\text{fu}}(k, 0) = \pi_{\text{fu}}(0, 0), \quad k = 1, 2, \cdots, N - 1,$$

$$\pi_{\text{fu}}(N + k, 1) = \frac{\rho_1^{k+1}(1 - \rho_1^N)}{1 - \rho_1}\pi_{\text{fu}}(0, 0), \quad k = 0, 1, \cdots, n - N - 1,$$

$$\pi_{\text{fu}}(n + k, 1) = \rho_2^k\frac{\rho_1^{n-N+1}(1 - \rho_1^N)}{1 - \rho_1}\pi_{\text{fu}}(0, 0), \quad k = 0, 1, 2, \cdots.$$

其中，

$$\rho_1 = \frac{\lambda_1 + \lambda_{\text{fu}}}{\mu}, \quad \rho_2 = \frac{\lambda_{\text{fu}}}{\mu},$$

$$\pi_{\text{fu}}(0, 0) = (1 - \rho_1)\left[N - \rho_1^{n-N+1}(1 - \rho_1^N)\left(\frac{1}{1 - \rho_1} - \frac{1}{1 - \rho_2}\right)\right]^{-1}.$$

证明　根据状态转移图，有如下平衡方程：

$$(\lambda_1 + \lambda_{\text{fu}})\pi_{\text{fu}}(0, 0) = \mu\pi_{\text{fu}}(1, 1),$$

$$\pi_{\text{fu}}(k, 0) = \pi_{\text{fu}}(k + 1, 0), \quad k = 0, 1, \cdots, N - 2,$$

$$(\lambda_1 + \lambda_{\text{fu}})[\pi_{\text{fu}}(0, 0) + \pi_{\text{fu}}(k, 1)] = \mu\pi_{\text{fu}}(k + 1, 1), \quad k = 1, 2, \cdots,$$

$N - 1$,

$$(\lambda_1 + \lambda_{fu}) \pi_{fu}(N + k, 1) = \mu \pi_{fu}(N + k + 1, 1), \quad k = 1, \cdots, n - N - 1,$$

$$(\lambda_1 + \lambda_{fu} + \mu) \pi_{fu}(N, 1) = (\lambda_1 + \lambda_{fu}) [\pi_{fu}(N - 1, 1) + \pi_{fu}(N - 1, 0)] +$$

$$\mu \pi_{fu}(N + 1, 1),$$

$$\lambda_{fu} \pi_{fu}(n + k, 1) = \mu \pi_{fu}(n + k + 1, 1), \quad k = 0, 1, \cdots.$$

此平衡方程与定理 5.4 中的平衡方程类似，仿照定理 5.4 的求解过程，并结合概率归一化条件，定理 5.5 可证。证毕。

根据定理 5.5，第一类顾客的期望净收益为：

$$U_I(n, q) = \sum_{k=0}^{N-1} \pi_{fu}(k, 0) \left[R - C\left(\frac{k+1}{\mu} + \frac{N - (k+1)}{\lambda_1 + \lambda_{fu}} \right) \right]$$

$$+ \sum_{k=1}^{N-1} \pi_{fu}(k, 1) \left(R - C\frac{k+1}{\mu} \right)$$

$$+ \sum_{k=0}^{n-N-1} \pi_{fu}(N + k, 1) \left(R - C\frac{N + k + 1}{\mu} \right)$$

$$= \left[\left(\frac{N}{1 - \rho_1} - \frac{\rho_1^{n-N+1}(1 - \rho_1^N)}{(1 - \rho_1)^2} \right) R \right.$$

$$- \frac{C}{\mu} \left(\frac{N(N+1)}{2} + \frac{N(N-1)}{2\rho_1} + \frac{N(N+1)\rho_1}{2(1 - \rho_1)} \right.$$

$$\left. \left. + \frac{N\rho_1}{(1 - \rho_1)^2} - \frac{\rho_1^{n-N+1}(1 - \rho_1^N)}{(1 - \rho_1)^2} \left(n + \frac{1}{1 - \rho_1} \right) \right) \right] \pi_{fu}(0, 0).$$

第二类顾客的期望净收益为：

$$U_{fu}(n, q) = U_I(n, q) + \sum_{k=0}^{\infty} \pi_{fu}(n + k, 1) \left(R - C\frac{n + k + 1}{\mu} \right)$$

$$= R - \frac{C}{\mu} \left[\frac{N}{1 - \rho_1} \left(\frac{1}{1 - \rho_1} + \frac{N-1}{2\rho_1} \right) + \frac{\rho_1^{n-N+1}(1 - \rho_1^N)}{1 - \rho_1} \right.$$

$$\left. \left(\frac{n}{1 - \rho_2} + \frac{1}{(1 - \rho_2)^2} - \frac{n}{1 - \rho_1} - \frac{1}{(1 - \rho_1)^2} \right) \right] \pi_{fu}(0, 0).$$

社会福利为：

$$SW_{fu}^1(n, q_{fu}) = U_I(n, q_{fu}) \lambda_1 + U_{fu}(n, q_{fu}) \lambda_{fu}.$$

(2) 当 $n^* \in \{1, 2, \cdots, N - 1\}$ 时，由之前的分析可知，第二类顾客的来到率

$\lambda_{\mathrm{fu}} = q\lambda_{\mathrm{II}}$。当系统状态为 $(n^*,\ 1)$ 时，会限制第一类顾客加入，而当系统状态为 $(n^*,\ 0)$ 时，会引导第一类顾客加入。由之前的分析可知，第二类顾客的来到率 $\lambda_{\mathrm{fu}} = q_{\mathrm{fu}}\lambda_{\mathrm{II}}$。当系统中顾客数 $k < n$ 或系统处于 0 状态时，顾客的来到率为 $\lambda_1 + \lambda_{\mathrm{fu}}$，当系统中的顾客数 $k \geqslant n$ 且服务台处于 1 状态时，顾客的来到率为 λ_{fu}。系统的状态转移图如下所示：

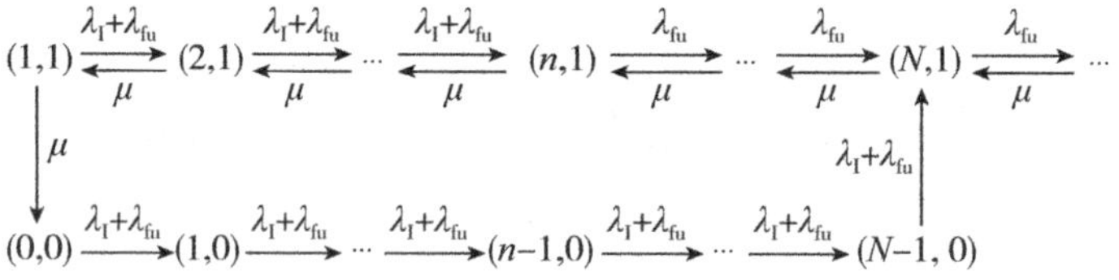

图 5.7　完全不可见情况下的状态转移图（$n^* < N$）

令系统的稳态概率为 $\pi_{\mathrm{fu}}(k,\ i)$，$(k,\ i) \in \Omega_{\mathrm{fu}}$，其中，$k$ 是系统中的顾客数，i 是服务台状态。定理 5.6 给出 $n^* \in \{1,\ 2,\ \cdots,\ N-1\}$ 时完全不可见情况下系统的稳态概率分布。

定理 5.6　在有异质信息顾客的完全不可见 N- 策略休假排队系统中，当第一类顾客根据止步门限 $n^* \in \{1,\ 2,\ \cdots,\ N-1\}$ 时，第二类顾客根据混合策略 q_{fu}，$0 \leqslant q_{\mathrm{fu}} \leqslant 1$ 决定是否加入系统，系统的稳态概率为：

$$\pi_{\mathrm{fu}}(k,\ 0) = \pi_{\mathrm{fu}}(0,\ 0),\qquad k = 1,\ 2,\ \cdots,\ N-1,$$

$$\pi_{\mathrm{fu}}(k,\ 1) = \frac{1 - \rho_1^k}{1 - \rho_1}\rho_1\pi_{\mathrm{fu}}(0,\ 0),\qquad k = 1,\ 2,\ \cdots,\ n-1,$$

$$\pi_{\mathrm{fu}}(k,\ 1) = \frac{1 - \rho_2^{k-n}\xi}{1 - \rho_2}\rho_1\pi_{\mathrm{fu}}(0,\ 0),\qquad k = n,\ \cdots,\ N-1,$$

$$\pi_{\mathrm{fu}}(N+k,\ 1) = \frac{\rho_2^k}{1 - \rho_2}(1 - \rho_2^{N-n}\xi)\rho_1\pi_{\mathrm{fu}}(0,\ 0),\qquad k = 0,\ 1,\ \cdots.$$

其中，

$$\rho_1 = \frac{\lambda_1 + \lambda_{\mathrm{fu}}}{\mu},\qquad \rho_2 = \frac{\lambda_{\mathrm{fu}}}{\mu},\qquad \xi = \frac{\rho_2 - \rho_1 + \rho_1^n(1 - \rho_2)}{1 - \rho_1},$$

$$\pi_{\mathrm{fu}}(0,\ 0) = \left[N + \frac{\rho_1}{1-\rho_1}\left(n - \frac{1-\rho_1^n}{1-\rho_1} \right) + \frac{\rho_1}{1-\rho_2}\left(N - n + \frac{1-\xi}{1-\rho_2} \right) \right]^{-1}.$$

证明　根据状态转移图，有如下平衡方程：

$$(\lambda_{\mathrm{I}} + \lambda_{\mathrm{fu}})\pi_{\mathrm{fu}}(0,\ 0) = \mu\pi_{\mathrm{fu}}(1,\ 1), \tag{5.61}$$

$$\pi_{\mathrm{fu}}(k,\ 0) = \pi_{\mathrm{fu}}(k+1,\ 0), \quad k = 0,\ 1,\ \cdots,\ N-2, \tag{5.62}$$

$$(\lambda_{\mathrm{I}} + \lambda_{\mathrm{fu}})[\pi_{\mathrm{fu}}(0,\ 0) + \pi_{\mathrm{fu}}(k,\ 1)] = \mu\pi_{\mathrm{fu}}(k+1,\ 1), \quad k = 1,\ 2,\ \cdots,\ n-1, \tag{5.63}$$

$$\lambda_{\mathrm{fu}}\pi_{\mathrm{fu}}(n,\ 1) + (\lambda_{\mathrm{I}} + \lambda_{\mathrm{fu}})\pi_{\mathrm{fu}}(0,\ 0) = \mu\pi_{\mathrm{fu}}(n+1,\ 1), \tag{5.64}$$

$$(\lambda_{\mathrm{fu}} + \mu)\pi_{\mathrm{fu}}(k,\ 1) = \lambda_{\mathrm{fu}}\pi_{\mathrm{fu}}(k-1,\ 1) + \mu\pi_{\mathrm{fu}}(k+1,\ 1), \quad k = n+1,\ \cdots,\ N-1, \tag{5.65}$$

$$(\lambda_{\mathrm{fu}} + \mu)\pi_{\mathrm{fu}}(N,\ 1) = \lambda_{\mathrm{fu}}\pi_{\mathrm{fu}}(N-1,\ 1) + \mu\pi_{\mathrm{fu}}(N+1,\ 1) + (\lambda_{\mathrm{I}} + \lambda_{\mathrm{fu}})\pi_{\mathrm{fu}}(0,\ 0), \tag{5.66}$$

$$(\lambda_{\mathrm{fu}} + \mu)\pi_{\mathrm{fu}}(N+k,\ 1) = \lambda_{\mathrm{fu}}\pi_{\mathrm{fu}}(N+k-1,\ 1) + \mu\pi_{\mathrm{fu}}(N+k+1,\ 1), \quad k = 1,\ 2,\ \cdots. \tag{5.67}$$

根据式(5.62)，有：

$$\pi_{\mathrm{fu}}(k,\ 0) = \pi_{\mathrm{fu}}(0,\ 0), \quad k = 1,\ 2,\ \cdots,\ N-1. \tag{5.68}$$

式(5.63)可以变形为：

$$\pi_{\mathrm{fu}}(k,\ 1) = \rho_1\pi_{\mathrm{fu}}(0,\ 0) + \rho_1\pi_{\mathrm{fu}}(k-1,\ 1), \quad k = 2,\ \cdots,\ n. \tag{5.69}$$

将式(5.61)代入式(5.69)，通过迭代，有

$$\pi_{\mathrm{fu}}(k,\ 1) = \frac{\rho_1 - \rho_1^{k+1}}{1-\rho_1}\pi_{\mathrm{fu}}(0,\ 0), \quad k = 2,\ \cdots,\ n. \tag{5.70}$$

由于当 $k = 1$ 时，式(5.70)依然成立，故有

$$\pi_{\mathrm{fu}}(k,\ 1) = \frac{\rho_1 - \rho_1^{k+1}}{1-\rho_1}\pi_{\mathrm{fu}}(0,\ 0), \quad k = 1,\ 2,\ \cdots,\ n. \tag{5.71}$$

式(5.65)可以变形为：

$$\begin{aligned}
\pi_{\mathrm{fu}}(k,\ 1) &= \pi_{\mathrm{fu}}(k-1,\ 1) + \rho_2^{k-n-1}[\pi_{\mathrm{fu}}(n+1,\ 1) - \pi_{\mathrm{fu}}(n,\ 1)] \\
&= \pi_{\mathrm{fu}}(n+1,\ 1) + \frac{\rho_2 - \rho_2^{k-n}}{1-\rho_2}[\pi_{\mathrm{fu}}(n+1,\ 1) - \pi_{\mathrm{fu}}(n,\ 1)], \\
&\quad k = n+2,\ \cdots,\ N.
\end{aligned} \tag{5.72}$$

根据式 (5.64)，结合式 (5.71)，有

$$\pi_{\mathrm{fu}}(n + 1,\ 1) = \left(1 + \rho_2 \frac{1 - \rho_1^n}{1 - \rho_1}\right)\rho_1 \pi_{\mathrm{fu}}(0,\ 0). \tag{5.73}$$

将式 (5.73) 代入式 (5.72)，令 $\xi = \dfrac{\rho_2 - \rho_1 + \rho_1^n(1 - \rho_2)}{1 - \rho_1}$，有

$$\pi_{\mathrm{fu}}(k,\ 1) = \frac{1 - \rho_2^{k-n}\xi}{1 - \rho_2}\rho_1 \pi_{\mathrm{fu}}(0,\ 0), \quad k = n + 2, \cdots, N. \tag{5.74}$$

由于当 $k = n + 1$ 时，式 (5.74) 依然成立，有

$$\pi_{\mathrm{fu}}(k,\ 1) = \frac{1 - \rho_2^{k-n}\xi}{1 - \rho_2}\rho_1 \pi_{\mathrm{fu}}(0,\ 0), \quad k = n + 1, \cdots, N. \tag{5.75}$$

式 (5.67) 可以变形为：

$$
\begin{aligned}
\pi_{\mathrm{fu}}(N + k,\ 1) &= \pi_{\mathrm{fu}}(N + k - 1,\ 1) + \rho_2^{k-1}[\pi_{\mathrm{fu}}(N + 1,\ 1) - \pi_{\mathrm{fu}}(N,\ 1)] \\
&= \pi_{\mathrm{fu}}(N + 1,\ 1) + \frac{\rho_2 - \rho_2^k}{1 - \rho_2}[\pi_{\mathrm{fu}}(N + 1,\ 1) - \pi_{\mathrm{fu}}(N,\ 1)], \\
& \quad k = 2, \cdots.
\end{aligned}
\tag{5.76}
$$

根据式 (5.66)，有

$$\pi_{\mathrm{fu}}(N + 1,\ 1) = \frac{\rho_2(1 - \rho_2^{N-n}\xi)}{1 - \rho_2}\rho_1 \pi_{\mathrm{fu}}(0,\ 0). \tag{5.77}$$

将式 (5.77) 代入式 (5.76)，结合式 (5.75)，有

$$\pi_{\mathrm{fu}}(N + k,\ 1) = \frac{\rho_2^k}{1 - \rho_2}(1 - \rho_2^{N-n}\xi)\rho_1 \pi_{\mathrm{fu}}(0,\ 0), \quad k = 2, \cdots. \tag{5.78}$$

由于当 $k = 0, 1$ 时，式 (5.78) 依然成立，有

$$\pi_{\mathrm{fu}}(N + k,\ 1) = \frac{\rho_2^k}{1 - \rho_2}(1 - \rho_2^{N-n}\xi)\rho_1 \pi_{\mathrm{fu}}(0,\ 0), \quad k = 0, 1, \cdots. \tag{5.79}$$

利用概率正规化条件：

$$\sum_{k=0}^{N-1} \pi_{\mathrm{fu}}(k,\ 0) + \sum_{k=1}^{n-1} \pi_{\mathrm{fu}}(k,\ 1) + \sum_{k=n}^{N-1} \pi_{\mathrm{fu}}(k,\ 1) + \sum_{k=0}^{+\infty} \pi_{\mathrm{fu}}(N + k,\ 1) = 1,$$

可以求得

$$\pi_{\mathrm{fu}}(0,\ 0) = \left[N + \frac{\rho_1}{1 - \rho_1}\left(n - \frac{1 - \rho_1^n}{1 - \rho_1}\right) + \frac{\rho_1}{1 - \rho_2}\left(N - n + \frac{1 - \xi}{1 - \rho_2}\right)\right]^{-1}.$$

证毕。

根据定理 5.6，第一类顾客的期望净收益为：

$$U_l(n, q) = \sum_{k=0}^{N-1} \pi_{fu}(k, 0)\left[R - C\left(\frac{k+1}{\mu} + \frac{N-(k+1)}{\lambda_1 + \lambda_{fu}}\right)\right]$$

$$+ \sum_{k=1}^{n-1} \pi_{fu}(k, 1)\left[R - C\frac{k+1}{\mu}\right]$$

$$= \left[\left(N + \frac{\rho_1}{1-\rho_1}\left(n - \frac{1-\rho_1^n}{1-\rho_1}\right)\right)R - \frac{C}{\mu}\left(\frac{N(N+1)}{2} + \frac{N(N-1)}{2\rho_1}\right.\right.$$

$$\left.\left.+ \frac{\rho_1}{1-\rho_1}\left(\frac{n(n+1)}{2} - \frac{1-(n+1)\rho_1^n + n\rho_1^{n+1}}{(1-\rho_1)^2}\right)\right)\right]\pi_{fu}(0, 0).$$

第二类顾客的期望净收益为：

$$U_{fu}(n, q) = \sum_{k=0}^{N-1} \pi_{fu}(k, 0)\left[R - C\left(\frac{k+1}{\mu} + \frac{N-(k+1)}{\lambda_1 + \lambda_{fu}}\right)\right]$$

$$+ \sum_{k=1}^{n-1} \pi_{fu}(k, 1)\left[R - C\frac{k+1}{\mu}\right] + \sum_{k=n}^{N-1} \pi_{fu}(k, 1)\left[R - C\frac{k+1}{\mu}\right]$$

$$+ \sum_{k=0}^{\infty} \pi_{fu}(N+k, 1)\left[R - C\frac{N+k+1}{\mu}\right]$$

$$= R - \frac{C}{\mu}\left(\frac{N(N+1)}{2} + \frac{N(N-1)}{2\rho_1} + \frac{\rho_1}{1-\rho_1}\right.$$

$$\left(\frac{n(n+1)}{2} - \frac{1-(n+1)\rho_1^n + n\rho_1^{n+1}}{(1-\rho_1)^2}\right) + \frac{\rho_1}{1-\rho_2}$$

$$\left.\left(\frac{(N-n)(N+n+1)}{2} + \frac{N-\xi n}{1-\rho_2} + \frac{1-\xi}{(1-\rho_2)^2}\right)\right)\pi_{fu}(0, 0).$$

社会福利为：

$$SW_{fu}^2(n, q_{fu}) = U_l(n, q_{fu})\lambda_1 + U_{fu}(n, q_{fu})\lambda_{fu}.$$

社会福利 $SW_{fu}(n, q_{fu})$ 是一个复杂非线性的表达式。我们的目的是寻找使得社会福利最大的两类顾客最优加入策略 n^* 和 q_{fu}^*，社会福利最大化问题可以描述为：

$$SW_{au}^1(n^*, q_0^*, q_1^*) = \max_{\substack{n \geqslant N \\ q_i \in [0, 1], i=0.1}} SW_{au}^1(n, q_0, q_1),$$

$$\mathrm{SW}_{\mathrm{au}}^2(n^*, q_0^*, q_1^*) = \max_{\substack{n \in \{1, 2, \cdots, N-1\} \\ q_i \in [0, 1], \, i = 0, 1}} \mathrm{SW}_{\mathrm{au}}^2(n, q_0, q_1),$$

$$\mathrm{SW}_{\mathrm{au}}^*(n^*, q_0^*, q_1^*) = \max\{\mathrm{SW}_{\mathrm{au}}^1(n^*, q_0^*, q_1^*), \mathrm{SW}_{\mathrm{au}}^2(n^*, q_0^*, q_1^*)\}.$$

5.5　数 值 算 例

在有异质信息的 *N-* 策略休假排队系统中，两类顾客的策略行为相互影响。由于第二类顾客的净收益表达式和两类顾客社会最优福利表达式太过于复杂，我们很难得到第二类顾客均衡策略、两类顾客最优策略和最优社会福利关于参数(N, ρ, ν) 的精确表达式。因此，在分析第二类顾客的均衡策略时，通过直接法求得均衡条件下，不同 α 时第二类顾客的均衡策略，并与系统中没有第一类顾客时的均衡策略做对比，来分析各个参数(N, ρ, ν) 对第二类顾客均衡策略的影响；在分析两类顾客的社会最优策略和最优社会福利时，我们采用 Kennedy 和 Eberhart 在 1995 年提出的粒子群优化(particle swarm optimization，PSO) 算法求出不同 α 时两类顾客的最优策略和最优社会福利，并与系统中只有第一类顾客或者只有第二类顾客时的社会最优策略和社会最优福利作对比，来分析各个参数(N, ρ, ν) 对两类顾客的最优行为和社会最优福利的影响。

在分析第二类顾客的均衡策略和社会最优策略时，由于 α 取值的不同，会导致第二类顾客的潜在到达率发生变化。因此，单纯对比分析第二类顾客的加入概率意义不大，我们通过分析第二类顾客的服务强度来分析系统各个参数对第二类顾客策略的影响。有如下定义：

(1) 定义 $\rho_1^e = q_1^e(1 - \alpha)\rho$，表示几乎不可见情况下第二类顾客的均衡服务强度；

(2) 定义 $\rho_{\mathrm{fu}}^e = q_{\mathrm{fu}}^e(1 - \alpha)\rho$，表示完全不可见情况下第二类顾客的均衡服务强度；

(3) 定义 $\rho_i^* = q_i^*(1 - \alpha)\rho$，$i = 0, 1$，表示几乎不可见情况下第二类顾客的最优服务强度；

(4) 定义 $\rho_{\mathrm{fu}}^* = q_{\mathrm{fu}}^*(1 - \alpha)\rho$，表示完全不可见情况下第二类顾客的最优服务强度。

PSO算法是一种基于群体的优化算法(Clerc，2006；Poli et al.，2007；李丽和牛奔，2009；沈显君，2015)，通过一组初始化的群体在搜索空间中并行搜索找到群体最优值(Yang和Wu，2015；Wu et al.，2014)。在PSO算法中，每个优化问题的潜在解被称为"粒子"，每个粒子通过位置表示一个可行解，通过速度决定其下一步的移动方向和位移。每个粒子都有一个由被优化的函数决定的适应度值(fitness value)。在每一次迭代中，粒子通过跟踪两个"极值"来更新自己：第一个"极值"被称为个体极值，是粒子本身所找到的最优解；另一个"极值"被称为全局极值，是整个种群当前找到的最优解。在本章数值算例中，取粒子数100，学习因子 $c_1 = c_2 = 2$，惯性因子 $\omega = 0.7$，迭代1000次后得到最优解。

运用PSO算法求解几乎不可见情况下的社会最优化问题时，输入 n、q_0 和 q_1 的可行取值区间，迭代1000次后得到当 $n^* \geqslant N$ 时的最优社会福利 $SW_{au}^1(n^*, q_0^*, q_1^*)$ 和当 $n^* \in \{1, 2, \cdots, N-1\}$ 时的最优社会福利 $SW_{au}^2(n^*, q_0^*, q_1^*)$，两者中的最大值即为最优社会福利 $SW_{au}(n^*, q_0^*, q_1^*)$。具体步骤如下：

(1) 初始化粒子群的位置 $PL_i = P_i(i = 1, 2, \cdots, 100)$ 和速度 $V_i(i = 1, \cdots, 100)$；

(2) 计算每一个粒子 i 的适应度值，寻找全局适应度函数值最大的粒子及其位置 PG_i；

(3) 生成两个随机随机数 $r_1 \sim U(0, 1)$ 和 $r_2 \sim U(0, 1)$；

(4) 更新粒子的位置和速度：

$$V_i = wV_i + r_1c_1 \times (PL_i - P_i) + r_2c_2 \times (PG_i - P_i),$$
$$P_i = P_i + V_i.$$

(5) 更新 PL_i、V_i 和 PG_i，重复步骤2～步骤4。迭代1000次后，得到最优适应度值及其所在的位置 PG_i。

运用PSO算法求解完全不可见情况下的社会最优化问题时，输入 n 和 q 的可行取值区间，迭代1000次后得到 $SW_{fu}^1(n^*, q^*)$ 和 $SW_{fu}^2(n^*, q^*)$，两者中的最大值即为最优社会福利 $SW_{fu}(n^*, q^*)$。具体步骤同几乎不可见情况下最优社会福利的求解步骤。

图5.8至图5.10描述了几乎不可见情况下，系统各个参数 (N, ρ, ν) 对第二类顾客的均衡服务强度 ρ_1^e 的影响。从图5.8至图5.10可以看出，随着 α 的增大，第一

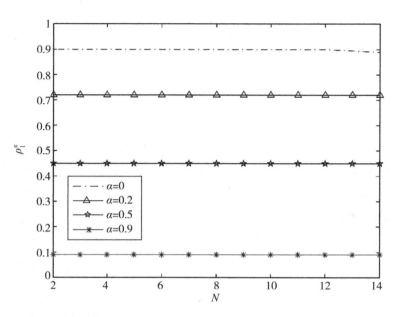

图 5.8　几乎不可见情况下，*N* 对第二类顾客均衡服务强度的影响($\nu = 16.5$，$\rho = 0.9$)

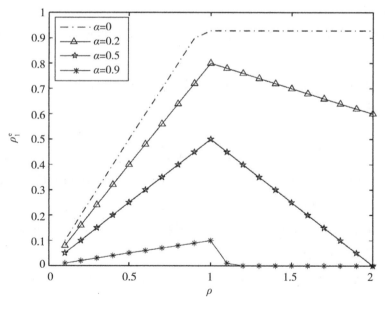

图 5.9　几乎不可见情况下，ρ 对第二类顾客均衡服务强度的影响($\nu = 16.5$，$N = 4$)

类顾客的比例增大，第二类顾客的均衡服务强度降低。这是两方面原因造成的：一方面，由于第一类顾客的比例增大后，会减少第二类顾客的比例；另一方面，第一类顾客的加入，也会降低第二类顾客加入的概率。此外，从图 5.8 中我们发现，第二类顾客的均衡服务强度随着 N 的增大保持不变。我们用直接法求解第二类顾客的均衡加入概率时，发现虽然取某些 N 值时，使得第二类顾客期望净收益为 0 的顾客加入概率存在，但是当第二类顾客的加入概率为 1 时，第二类顾客的期望净收益非负。说明使得第二类顾客期望净收益为 0 的解不稳定，随着第二类顾客加入概率增大，第二类顾客会获得更大期望净收益。因此，第二类顾客在发现系统状态为 1 时的均衡加入概率为 1，均衡服务强度不随 N 的变化而变化。第二类顾客通过影响系统队长间接影响第一类顾客的策略，若第二类顾客全加入系统，系统队长变大，会导致第一类顾客来到时，加入系统的意愿降低，进而会导致在系统中等待服务的第一类顾客的比例降低。从图 5.9 中我们发现，当 $\rho < 1$ 时，第二类顾客的均衡服务强度随着 ρ 的增大而增大。当 $\rho > 1$ 时，第二类顾客的均衡服务强度随 ρ 的增大而减小。当第一类顾客的比例较大时（$\alpha = 0.9$），第二类顾客的均衡服务强度为 0。无论 $\rho > 1$ 还是 $\rho < 1$，第二类顾客的均衡服务强度不会超过 1。从图 5.10 中我们发现，

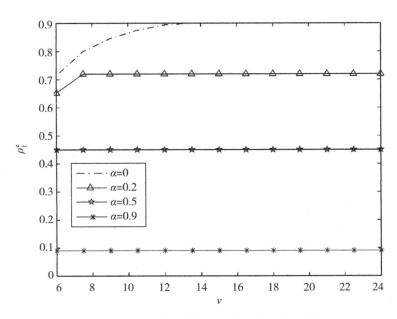

图 5.10　几乎不可见情况下，ν 对第二类顾客均衡服务强度的影响（$\rho = 0.9$，$N = 4$）

当 α 较大时($\alpha = 0.5$，0.9)，第二类顾客的均衡服务强度随 ν 的变化保持不变，第二类顾客全加入系统；当 α 较小时($\alpha = 0.2$)，第二类顾客的均衡服务强度随 ν 的增大而增大，达到第二类顾客的最大服务强度后保持不变。说明随着 ν 的增大，第二类顾客更加倾向于加入系统。

图 5.11 至图 5.13 描述了完全不可见情况下，系统各个参数(N，ρ，ν) 对第二类顾客的均衡服务强度 ρ_{fu}^e 的影响。从图 5.11 至图 5.13 可以看出，随着 α 的增大，第一类顾客的比例增大，第二类顾客的均衡服务强度降低。从图 5.11 中我们发现，第二类顾客的均衡服务强度并未随着 N 的增大而减小。从图 5.12 中我们发现，第二类顾客的均衡服务强度随着 ρ 的增大先增大后减小，无论 $\rho > 1$ 还是 $\rho < 1$，第二类顾客的均衡服务度始终小于 1。从图 5.13 中我们发现，当 α 较大时($\alpha = 0.5$，0.9)，第二类顾客的均衡服务强度随 ν 的变化保持不变，第二类顾客全加入系统；当 α 较小时($\alpha = 0.2$)，第二类顾客的均衡服务强度随 ν 的增大而增大，达到第二类顾客的最大服务强度后保持不变。说明随着 ν 的增大，第二类顾客更加倾向于加入系统。

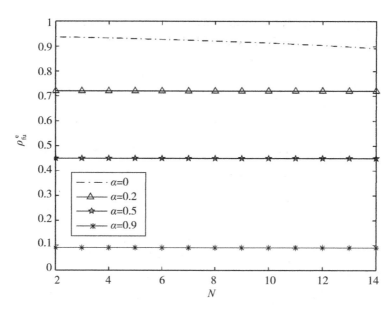

图 5.11　完全不可见情况下，N 对第二类顾客均衡服务强度的影响($\nu = 16.5$，$\rho = 0.9$)

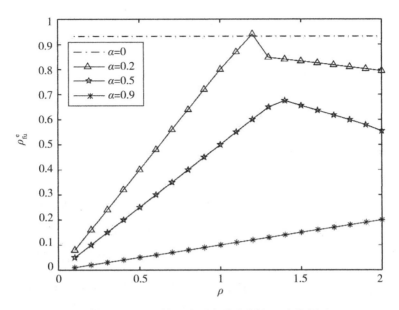

图 5.12 完全不可见情况下, ρ 对第二类顾客均衡服务强度的影响($\nu = 16$, $N = 4$)

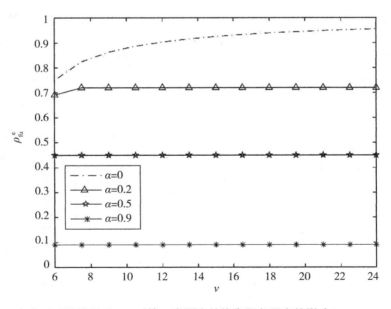

图 5.13 完全不可见情况下, ν 对第二类顾客的均衡服务强度的影响($\rho = 0.9$, $N = 4$)

图 5.14 至图 5.16 描述了几乎不可见情况下，系统各个参数(N，ρ，ν)对第一类顾客的最优止步策略 n^*、第二类顾客的最优服务强度 ρ_i^*($i = 0$，1))以及最优社会福利 SW_{au}^* 的影响。从图中可以看出，第二类顾客在 0 状态的最优策略为全部加入，即 $q_0^* = 1$；当 α 值较大时，第二类顾客在系统中的比例较小，第二类顾客在 1 状态的最优策略为全部加入；第二类顾客在 1 状态的最优服务强度小于 $\alpha = 0$(系统中没有第一类顾客)时的最优服务强度且小于 1。从图 5.14 可以看出，当 $\alpha = 1$(系统没有第二类顾客)时，顾客的最优止步策略在 N 值较大时小于 N，这与 Guo 和 Hassin(2011) 的结论一致。但是，在顾客异质信息的 N-策略休假排队系统中，由于第二类顾客的出现，第一类顾客的最优止步门限不会出现小于 N 的情况。另外，无论系统中是否存在异质信息顾客，最优社会福利 SW_{au}^* 随 N 的增大而减小。最优社会福利 SW_{au}^* 在 $\alpha = 0$(系统中没有第一类顾客)时最大，说明在 Guo 和 Li(2013) 中的几乎不可见 N-策略休假排队系统中，给予一部分顾客系统队长信息不会提高最优社会福利。当 $\alpha \neq 0$ 时，α 越大，SW_{au}^* 越大，增大第一类顾客(即有系统信息的顾客)的比例对提高社会福利有积极影响。从图 5.15 可以看出，第一类顾客的最优止

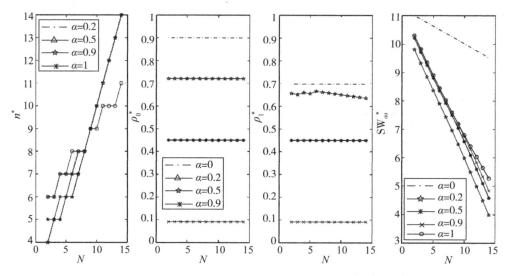

图 5.14　几乎不可见情况下，N 对两类顾客的最优加入策略和最优社会
收益的影响($\nu = 16.5$，$\rho = 0.9$)

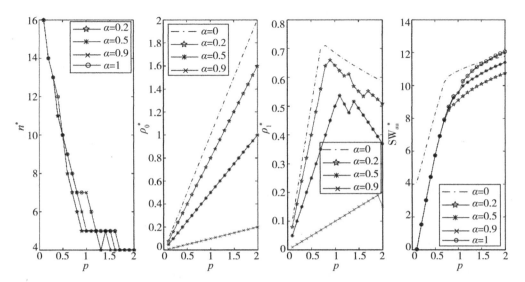

图 5.15　几乎不可见情况下，ρ 对两类顾客的最优加入策略和最优社会

收益的影响($\nu = 16.5$，$N = 4$)

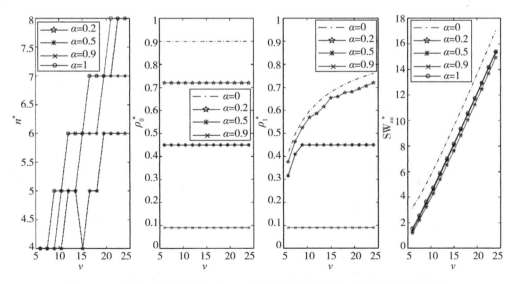

图 5.16　几乎不可见情况下，ν 对两类顾客的最优加入策略和最优社会

收益的影响($\rho = 0.9$，$N = 4$)

步策略随 ρ 的增大单调不增。当 $\rho < 1$ 时，第二类顾客在 1 状态的最优服务强度 ρ_1^* 随 ρ 的增大而增大；当 $\rho > 1$ 时，ρ_1^* 随 ρ 的增大不再单调。最优社会福利 SW_{au}^* 随 ρ 的增大而增大，当 ρ 较小时，不同信息水平（$\alpha = 0.2$，0.5，0.9，1）下的最优社会福利 SW_{au}^* 几乎一致，且 $\alpha = 0$ 时最优社会福利 SW_{au}^* 最大；随着 ρ 的不断增大，第一类顾客比例 α 值越大，最优社会福利 SW_{au}^* 越大，且 $\alpha = 1$ 时的最优社会福利最终超过了 $\alpha = 0$ 时的最优社会福利。从图 5.16 可以看出，第一类顾客的最优止步策略 n^* 和最优社会福利 SW_{au}^* 随 ν 的增大而增大。且当 $\alpha = 0$ 时最优社会福利 SW_{au}^* 最大，当 $\alpha \neq 0$ 时，α 越大，最优社会福利 SW_{au}^* 越大。

图 5.17 至图 5.19 描述完全不可见情况下，系统各个参数（N，ρ，ν）对第一类顾客最优止步门限 n^*、第二类顾客最优服务强度 ρ_{fu}^* 以及最优社会福利 SW_{fu}^* 的影响。从图中可以看出，当 α 值较大时，第二类顾客在系统中的比例较小，第二类顾客的最优策略为全部加入；第二类顾客的最优服务强度小于 $\alpha = 0$（系统中没有第一类顾客）时的最优服务强度且小于 1；α 值越大，最优社会福利 SW_{fu}^* 越大。从图 5.17 可以看出，当 $\alpha = 1$（系统没有第二类顾客）时，顾客的最优止步策略在 N 值较

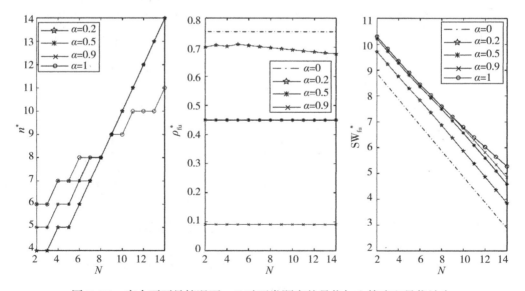

图 5.17　完全不可见情况下，N 对两类顾客的最优加入策略和最优社会收益的影响（$\nu = 16.5$，$\rho = 0.9$）

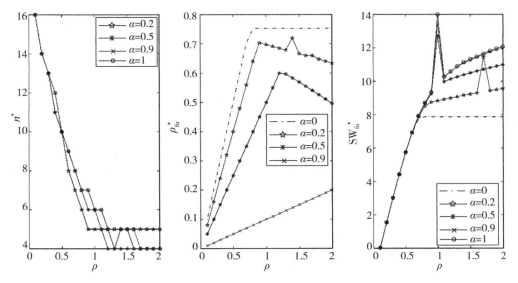

图 5.18　完全不可见情况下，ρ 对两类顾客的最优加入策略和最优社会
收益的影响($\nu = 16.5$，$N = 4$)

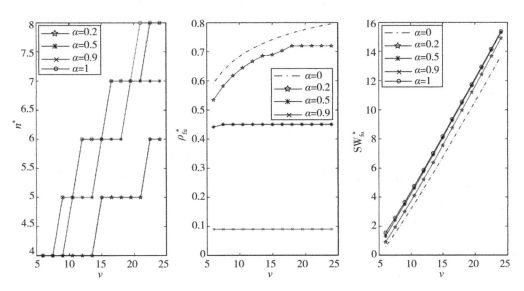

图 5.19　完全不可见情况下，ν 对两类顾客的最优加入策略和最优社会
收益的影响($\rho = 0.9$，$N = 4$)

大时小于 N，这与 Guo 和 Hassin（2011）的结论一致。但是，在顾客异质信息的 *N*-策略休假排队系统中，由于第二类顾客的出现，第一类顾客的最优止步门限不会出现小于 N 的情况。另外，无论系统中是否存在异质信息顾客，最优社会福利 SW_{fu}^* 随 N 的增大而减小。从图 5.18 可以看出，第一类顾客的最优止步策略随 ρ 的增大单调不增。$\rho < 1$ 时，第二类顾客的最优服务强度 ρ_{fu}^* 随 ρ 的增大而增大；当 $\rho > 1$ 时，ρ_{fu}^* 随 ρ 的增大而减小。从图 5.19 可以看出，第一类顾客的最优止步策略 n^* 随 ν 的增大单调不减，最优社会福利 SW_{fu}^* 随 ν 的增大而增大，且 α 越大，SW_{fu}^* 越大。

5.6　小　　　结

在实际中，由于顾客个体之间获取信息能力的差异，顾客来到排队服务系统时获得的系统信息也不尽相同。本章研究了 N-策略休假排队系统中异质信息顾客的均衡策略、社会最优策略和社会最优福利。结果表明，均衡条件下，第二类顾客基本上都会加入系统；社会最优福利随着转换门限 N 的增大而减小。当第二类顾客为几乎不可见顾客时（即第二类顾客到达排队系统时只知道服务台状态而不知道系统中顾客数），第一类顾客的比例 $\alpha = 0$ 时的社会最优福利大于 $\alpha \neq 0$ 时的最优社会福利，但是若 $\rho > 1$，随着 ρ 的增大，$\alpha = 1$ 时的社会最优福利会超过 $\alpha = 0$ 时的最优社会福利；第一类顾客的比例 $\alpha \neq 0$ 时，第一类顾客的比例 α 越大，最优社会福利越大。当第二类顾客为没有系统信息的顾客时（即第二类顾客到达排队系统时既不知道服务台状态也不知道系统中顾客数），第一类顾客的比例 α 越大，最优社会福利越大，说明系统中更多有信息的顾客对提高社会最优福利有积极影响。

第6章 考虑顾客有限理性的多重休假 $M/M/1$ 排队系统分析

排队系统中服务价格的设置影响顾客的策略行为,进而影响机构利润和社会福利(Ma et al.,2019;He and Chen,2018;Afèche et al.,2019;Xu et al.,2016;Zhang et al.,2016;Zhang and Wang,2017;Zhang et al.,2019;Cao et al.,2019;刘健等,2020b;Wang et al.,2017)。以往关于经济排队服务系统的研究中,往往认为顾客完全理性,在决策时可以根据已有信息准确估计不同选择下的净收益(Sun et al.,2023;Wang et al.,2022;Gao et al.,2021;Tian and Wang,2020;孙微等,2022;Burnetas and Economou,2007;Hassin and Haviv,2003;Hassin,2016;王金亭,2016)。但实际中,由于信息稀缺性和服务系统的不确定性,顾客对等待时间和服务价值认知能力的有限性,往往不能准确估计接受服务后的预期效用,所做出的决策与经济学家假设的标准理性模型相去甚远。因此,人在实际决策过程中往往难以或者不可能找到"最优"方案,而是选择一个令自己"满意"的结果(Simon,1955,1957),有限理性才是真正推动人类决策行为的"看不见的手"(Ariely,2009)。

顾客的有限理性行为因素会影响顾客在平衡点处的选择(Ren and Huang,2018),进而影响利润最大化的定价策略和社会福利(Marand et al.,2020;Yang et al.,2018;刘健等,2018;Plambeck and Wang,2013)。Huang 等(2013)首次采用 Logit 选择模型研究排队服务系统中的有限理性行为,他们在顾客对期望等待时间的估计中引入一个随机误差项来表示顾客对等待时间估计的偏差,分析了顾客有限理性对顾客均衡(随机最优反应均衡(quantal response equilibrium,QRE))、机构利润和社会福利的影响,表明排队系统中忽略有限理性会导致机构利润和社会福利的重大损失。Li 等(2016)用 Logit 选择模型描述了顾客对服务后获得的预期效用存在偏差的情况，服务价值与服务率负相关，研究了双寡头竞争市场的最优定价、质量与服务率之间的权衡，拓展了 Huang 等（2013）的研究。张钰（2018）在与 Li 等（2016）相同的背景假设下研究了重试排队中垄断市场和双寡头市场的最优定价。Li 等（2017a）在 2016 年研究的基础上，考虑了服务系统中服务能力可以动态调整，顾客的有限理性水平与历史需求水平相关的情况；Li 等（2017b）考虑了多个服务机构竞争且顾客收益为一般分布的情况，拓展并完善了其 2016 年的研究。之后，基于 Logit 选择模型，Canbolat（2020）研究了清空排队系统中的定价问题和有限理性水平对系统的影响。此外，还可以利用坊间推理（Anecdotal Reasoning）描述有限理性顾客的决策行为（Huang and Chen，2015；Ren et al.，2018；Huang et al.，2019）。

休假排队机制在库存管理（Zhang et al. 2022；张玉英和岳德权，2021；Krishnamoorthy et al.，2020）中有着广泛的应用，本章将基于有限理性顾客的策略行为，在系统队长不可见时，研究多重休假 $M/M/1$ 排队系统中机构利润和社会福利。

6.1　模型描述

考虑一个无穷等待空间的多重休假 $M/M/1$ 排队系统，潜在顾客到达为参数为 λ 的泊松过程，服务台的服务时间独立，服从参数为 μ 的指数分布，$\lambda < \mu$。当一次休假结束时，如果系统中仍无顾客，则服务台进入另一次独立同分布的休假；反之，服务台恢复正常工作。顾客到达时间间隔、服务时间和休假时间独立，服务原则为 FCFS，不允许插队，顾客同质，以相同的策略选择是否加入系统，加入系统后在服务完成前不可以退出。

令 $(N(t)，I(t))(t>0)$ 表示 t 时刻的系统状态，其中，$N(t)$ 表示 t 时刻系统中的顾客数，$I(t)$ 表示 t 时刻服务台的状态。记

$$I(t)=\begin{cases}0，&\text{时刻 } t \text{ 处于休假时期}\\1，&\text{时刻 } t \text{ 处于工作状态.}\end{cases}$$

$\{(N(t)，I(t))，t>0\}$ 是二维连续时间马尔可夫过程，状态空间为：

$$\Omega=\{(i，j)，j=0，1，i\geqslant j\}.$$

假设顾客接受服务后获得收益为 $R(>0)$，在系统中逗留的单位时间成本为

$C(>0)$，服务价格为 p。令 $E[W_j]$ 表示顾客在系统中的期望逗留时间，如果顾客选择进入系统，获得的实际效用为 $U_j = R - CE[W_j] - p$；如果顾客止步，获得的实际效用为 $U_b = 0$。

由于顾客有限理性，很难准确估计接受服务后的效用。因此，在顾客效用的表达式中引入随机变量 ε_j，ε_b，表示顾客对服务效用估计的误差，利用 Logit 选择模型描述有限理性顾客加入或止步的策略行为。此时，顾客预估的效用 U_j（或 U_b）为实际效用 U_j（或 U_b）与误差项 ε_j（或 ε_b）之和，即 $U_j = R - CE[W_j] - p + \varepsilon_j$，$U_b = \varepsilon_b$。假设 ε_j，ε_b 服从位置参数为 0，尺度参数为 β 的 Gumbel 分布。β 描述了顾客的有限理性程度，即 β 越大，顾客有限理性水平越高，顾客预估的效用越偏离实际效用：当 $\beta \to \infty$ 时，顾客随机选择是否加入机构接受服务；当 $\beta \to 0$ 时，顾客完全理性，可以准确预估服务效用并做出最优决策（Huang et al.，2013）。

当 $U_j \geqslant U_b$ 时，顾客选择进入系统；否则，顾客选择止步。顾客选择进入系统的概率为：

$$q_j = \Pr(R - CE[W_j] - p + \varepsilon_j \geqslant \varepsilon_b)$$
$$= \frac{e^{(R-CE[W_j]-p)/\beta}}{1 + e^{(R-CE[W_j]-p)/\beta}} \tag{6.1}$$

顾客选择止步的概率为：

$$q_b = \Pr(R - CE[W_j] - p + \varepsilon_j < \varepsilon_b)$$
$$= \frac{1}{1 + e^{(R-CE[W_b]-p)/\beta}} \tag{6.2}$$

经过代数变换，式(6.1) 可以改写为：

$$\beta\ln\frac{q_j}{1-q_j} = R - CE[W_j] - p \tag{6.3}$$

由于顾客有限理性，对服务后收益不能形成理性预期，故顾客加入系统接受服务后获得的实际效用可能为负。

6.2　几乎不可见情况

在几乎不可见情况下，同质的有限理性顾客在 t 时刻来到系统时，只知道系统

服务台的状态 $I(t)$，但是不知道系统中顾客数 $N(t)$。从外部观察者角度看，顾客的加入策略是混合策略 $(q_0, q_1)(0 \leq q_0, q_1 \leq 1)$，其中，$q_0$ 和 q_1 分别表示系统服务台状态为 0 和 1 时的加入概率。令 $\lambda_0 = \lambda q_0$ 和 $\lambda_1 = \lambda q_1$ 分别表示顾客在 0 状态和 1 状态的加入率，系统的状态转移图如图 6.1 所示：

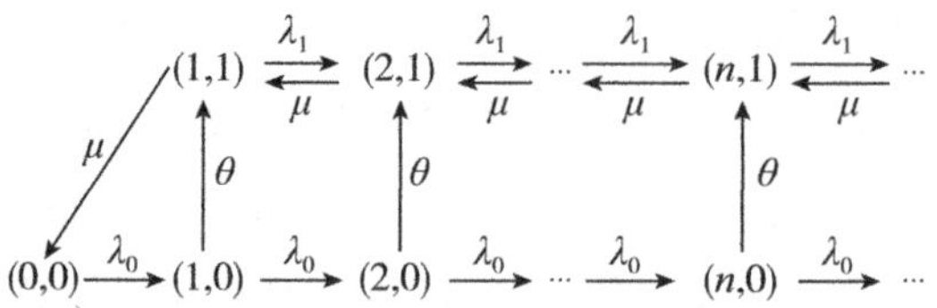

图 6.1　几乎不可见情况下的系统状态转移图

令 $\rho_1 = \dfrac{\lambda_1}{\mu}$，$\rho_0 = \dfrac{\lambda_0}{\mu}$，$\sigma_0 = \dfrac{\lambda_0}{\lambda_0 + \theta}$，当 $\sigma_0 \neq \rho_1$ 且 $\rho_1 < 1$ 时，系统的稳态概率为（Burnetas and Economou，2007）：

$$P_{\mathrm{au}}(n, 0) = \frac{(1 - \sigma_0)(1 - \rho_1)}{1 - \rho_1 + \rho_0}\sigma_0{}^n, \quad n = 0, 1, \cdots$$

$$P_{\mathrm{au}}(n, 1) = \frac{(1 - \sigma_0)(1 - \rho_1)\rho_0}{(1 - \rho_1 + \rho_0)(\sigma_0 - \rho_1)}(\sigma_0{}^n - \rho_1{}^n), \quad n = 1, 2, \cdots$$

$$(6.4)$$

顾客在 0 状态到达并加入的期望逗留时间为：

$$W_0 = \frac{\lambda_0}{\mu\theta} + \frac{1}{\mu} + \frac{1}{\theta}. \tag{6.5}$$

顾客在 1 状态到达并加入的期望逗留时间为：

$$W_1 = \frac{\lambda_0}{\mu\theta} + \frac{1}{\mu} + \frac{1}{\mu - \lambda_1}. \tag{6.6}$$

6.2.1　顾客均衡策略

令 U_0 和 U_1 分别表示顾客在 0 状态和 1 状态加入系统获得的实际效用，有

$$U_0 = R - C\left(\frac{\lambda_0}{\mu\theta} + \frac{1}{\mu} + \frac{1}{\theta}\right) - p$$

$$U_1 = R - C\left(\frac{\lambda_0}{\mu\theta} + \frac{1}{\mu} + \frac{1}{\mu - \lambda_1}\right) - p$$

由式(6.1)和式(6.2)可得，顾客在状态 $i(i = 0, 1)$ 加入系统的概率 $q_0(p, \beta)$ 和 $q_1(p, \beta)$ 分别为：

$$q_0(p, \beta) = \frac{e^{U_0(p, \beta)/\beta}}{1 + e^{U_0(p, \beta)/\beta}} = \frac{e^{\left(R - C\left(\frac{\lambda_0(p, \beta)}{\mu\theta} + \frac{1}{\mu} + \frac{1}{\theta}\right) - p\right)/\beta}}{1 + e^{\left(R - C\left(\frac{\lambda_0(p, \beta)}{\mu\theta} + \frac{1}{\mu} + \frac{1}{\theta}\right) - p\right)/\beta}} \tag{6.7}$$

$$q_1(p, \beta) = \frac{e^{U_1(p, \beta)/\beta}}{1 + e^{U_1(p, \beta)/\beta}} = \frac{e^{\left(R - C\left(\frac{\lambda_0(p, \beta)}{\mu\theta} + \frac{1}{\mu} + \frac{1}{\mu - \lambda_1(p, \beta)}\right) - p\right)/\beta}}{1 + e^{\left(R - C\left(\frac{\lambda_0(p, \beta)}{\mu\theta} + \frac{1}{\mu} + \frac{1}{\mu - \lambda_1(p, \beta)}\right) - p\right)/\beta}} \tag{6.8}$$

下面论证 $q_0(p, \beta)$ 和 $q_1(p, \beta)$ 的存在性与唯一性。

结合式(6.3)，式(6.7)和式(6.8)可变形为：

$$\beta\ln\frac{q_0(p, \beta)}{1 - q_0(p, \beta)} = R - C\left(\frac{\lambda q_0(p, \beta)}{\mu\theta} + \frac{1}{\mu} + \frac{1}{\theta}\right) - p, \tag{6.9}$$

$$\beta\ln\frac{q_1(p, \beta, \theta)}{1 - q_1(p, \beta, \theta)} = R - C\left(\frac{\lambda q_0(p, \beta, \theta)}{\mu\theta} + \frac{1}{\mu} + \frac{1}{\mu - \lambda q_1(p, \beta, \theta)}\right) - p. \tag{6.10}$$

定理6.1 在几乎不可见多重休假 $M/M/1$ 排队系统中，有限理性顾客的均衡加入概率 q_i，$(i = 0, 1)$ 存在且唯一。

证明 令 $g[q_0(p, \beta)] = \frac{e^{U_0(p, \beta)/\beta}}{1 + e^{U_0(p, \beta)/\beta}} - q_0(p, \beta)$，显然 $g[q_0(p, \beta)]$ 连续，$g(0) > 0$，$g(1) < 0$。故至少存在一个 $q_0(p, \beta)$，使得 $g[q_0(p, \beta)] = 0$。

由于 $\dfrac{\mathrm{d}g[q_0(p, \beta)]}{\mathrm{d}q_0(p, \beta)} = \dfrac{-\dfrac{C\lambda}{\beta\mu\theta}e^{U_0(p, \beta)/\beta}}{[1 + e^{U_0(p, \beta)/\beta}]^2} - 1 < 0$，$g[q_0(p, \beta)]$ 关于 $q_0(p, \beta)$ 单调递减。由中值定理知，有限理性顾客在 0 状态的均衡加入策略 $q_0(p, \beta)$ 存在且唯一。

令 $f[q_1(p, \beta)] = \dfrac{e^{U_1(p, \beta)/\beta}}{1 + e^{U_1(p, \beta)/\beta}} - q_1(p, \beta)$，显然 $f[q_1(p, \beta)]$ 连续，$f(0) > 0$，$f(1) < 0$。故至少存在一个 $q_1(p, \beta)$，使得 $f[q_1(p, \beta)] = 0$。

又由于 $\dfrac{\mathrm{d}f[q_1(p, \beta)]}{\mathrm{d}q_1(p, \beta)} = \dfrac{\mathrm{e}^{U_1(p, \beta)/\beta}\left(-C\dfrac{\lambda}{[\mu-\lambda_1(p, \beta)]^2}\right)}{1+\mathrm{e}^{U_1(p, \beta)/\beta}} - 1 < 0$，$f[q_1(p, \beta)]$ 为 $q_1(p, \beta)$ 的减函数，故有限理性顾客在 1 状态的均衡加入策略 $q_1(p, \beta)$ 存在且唯一。证毕。

定理 6.2 分析均衡策略 $q_0(p, \beta)$ 和 $q_1(p, \beta)$ 关于 p 和 β 的变化规律。为了分析方便，令 $\bar{p}_{\mathrm{au}} \equiv R - C\left(\dfrac{\lambda}{2\mu\theta} + \dfrac{1}{\mu} + \dfrac{1}{\theta}\right)$ 表示均衡加入概率 $q_0(\bar{p}_{\mathrm{au}}, \beta) = 0.5$ 时的价格。此时，无论有限理性水平如何，顾客实际收益为 0。

定理 6.2　在几乎不可见多重休假 $M/M/1$ 排队系统中，有限理性水平 β 对 $q_0(p, \beta)$ 和 $q_1(p, \beta)$ 的影响如下：

当 $p = \bar{p}_{\mathrm{au}}$ 时，对于任意有限理性水平 β，0 状态到达顾客的加入概率为 $q_0(p, \beta) = 1/2$；当 $p < \bar{p}_{\mathrm{au}}$ 时，加入概率 $q_0(p, \beta)$ 是有限理性水平 β 的减函数；当 $p > \bar{p}_{\mathrm{au}}$ 时，加入概率 $q_0(p, \beta)$ 是有限理性水平 β 的增函数。

当 $\beta \in \left(0, \dfrac{C\lambda q_0(p, \beta)[1-q_0(p, \beta)]}{\mu\theta}\left(\dfrac{U_0(p, \beta)}{U_1(p, \beta)} - 1\right)\right]$ 时，加入概率 $q_1(p, \beta)$ 是有限理性水平 β 的增函数；否则，加入概率 $q_1(p, \beta)$ 是有限理性水平 β 的减函数。

证明　（1）对 $q_0(p, \beta)$ 关于 β 求导，结合 (3)，有

$$\frac{\mathrm{d}q_0(p, \beta)}{\mathrm{d}\beta} = \frac{-U_0(p, \beta)}{\dfrac{\beta^2[1+\mathrm{e}^{U_0(p, \beta)/\beta}]^2}{\mathrm{e}^{U_0(p, \beta)/\beta}} + \dfrac{C\beta\lambda}{\mu\theta}}$$

$$= \frac{-\ln\dfrac{q_0(p, \beta)}{1-q_0(p, \beta)}}{\dfrac{\beta}{q_0(p, \beta)[1-q_0(p, \beta)]} + \dfrac{C\lambda}{\mu\theta}}$$

由于 $\dfrac{\beta}{q_0(p, \beta)[1-q_0(p, \beta)]} + \dfrac{C\lambda}{\mu\theta} > 0$ 为正，故当 $p = \bar{p}_{\mathrm{au}}$ 时，$\ln\dfrac{q_0(\bar{p}_{\mathrm{au}}, \beta)}{1-q_0(\bar{p}_{\mathrm{au}}, \beta)}$

$= 0$，$q_0(\bar{p}_{\mathrm{au}}, \beta) = 1/2$；当 $p < \bar{p}_{\mathrm{au}}$ 时，$\dfrac{1}{2} \leqslant q_0(p, \beta) \leqslant 1$，$\dfrac{\mathrm{d}q_0(p, \beta)}{\mathrm{d}\beta} < 0$，加入概

率 $q_0(p, \beta)$ 是有限理性水平 β 的减函数；当 $p > \bar{p}_{au}$ 时，$0 < q_0(p, \beta) < \frac{1}{2}$，$\frac{\mathrm{d}q_0(p, \beta)}{\mathrm{d}\beta} > 0$，加入概率 $q_0(p, \beta)$ 是有限理性水平 β 的增函数。

（2）对 $q_1(p, \beta)$ 关于 β 求导，结合(3)，有

$$\frac{\partial q_1(p,\beta)}{\partial \beta} = \frac{-C\dfrac{\lambda\beta}{\mu\theta}\dfrac{\mathrm{d}q_0(p,\beta)}{\mathrm{d}\beta} - U_1(p,\beta)}{\dfrac{\beta^2}{q_1(p,\beta)[1-q_1(p,\beta)]} + \dfrac{c\lambda\beta}{[\mu - \lambda q_1(p,\beta)]^2}}$$

$$= \frac{\dfrac{\dfrac{C\lambda U_0(p,\beta)}{\mu\theta\beta}}{q_0(p,\beta)[1-q_0(p,\beta)]} + C\lambda - U_1(p,\beta)}{\dfrac{\beta^2}{q_1(p,\beta)[1-q_1(p,\beta)]} + \dfrac{c\lambda\beta}{[\mu - \lambda q_1(p,\beta)]^2}}$$

由于 $\dfrac{\beta^2}{q_1(p,\beta)[1-q_1(p,\beta)]} + \dfrac{c\lambda\beta}{[\mu - \lambda q_1(p,\beta)]^2} > 0$，$\dfrac{\partial q_1(p,\beta)}{\partial \beta}$ 的正负取决于分子，故当 $\beta \in \left(0, \dfrac{C\lambda q_0(p,\beta)[1-q_0(p,\beta)]}{\mu\theta}\left(\dfrac{U_0(p,\beta)}{U_1(p,\beta)} - 1\right)\right]$ 时，$\dfrac{\partial q_1(p,\beta)}{\partial \beta} > 0$，加入概率 $q_1(p,\beta)$ 是有限理性水平 β 的增函数；否则，$\dfrac{\partial q_1(p,\beta)}{\partial \beta} < 0$，加入概率 $q_1(p,\beta)$ 是有限理性水平 β 的减函数。证毕。

结合式(6.3)，对定理 6.2 有如下直观解释：在 0 状态下，当服务价格较低（即 $p < \bar{p}_{au}$）时，顾客接受服务后获得的实际效用为正，随着顾客有限理性水平的提高，顾客对实际效用估计的偏差越来越大，使得更多的顾客将本应为正的实际效用预估为负，从而做出不加入的决策，故加入概率随有限理性水平的提高而减小；反之，当服务价格较高（即 $p > \bar{p}_{au}$）时，顾客接受服务后获得的实际效用为负，随着顾客有限理性水平的提高，会有更多的顾客将本应为负的实际效用预估为正效用，从而决定加入，故加入概率随有限理性水平的提高而增大。在 1 状态下，顾客的加入概率在顾客有限理性水平较低时，随着有限理性水平增大而增大；而随着有限理性水平的提高，顾客的加入概率逐渐减小。

定理6.3　在顾客有限理性的几乎不可见多重休假 $M/M/1$ 排队系统中，对任意固定 β，加入概率 $q_0(p,\beta)$ 和 $q_1(p,\beta)$ 是 p 的严格减函数。

证明　对于固定 β，利用隐函数求导法则，对 $q_0(p,\beta)$ 和 $q_1(p,\beta)$ 关于 p 求一阶导，有

$$\frac{\partial q_0(p,\beta)}{\partial p} = -\frac{q_0(p,\beta)[1-q_0(p,\beta)]\mu\theta}{\beta\mu\theta + \lambda C q_0(p,\beta)[1-q_0(p,\beta)]} < 0.$$

$$\frac{\partial q_1(p,\theta)}{\partial p} = -\frac{\beta\mu\theta q_1(p,\beta)[1-q_1(p,\beta)][\mu-\lambda_1(p,\beta)]^2}{\{\beta[\mu-\lambda_1(p,\beta)]^2 + \lambda C q_1(p,\beta)[1-q_1(p,\beta)]\}\{\beta\mu\theta + \lambda C q_0(p,\beta)[1-q_1(p,\beta)]\}}$$
$$< 0.$$

故加入概率 $q_0(p,\beta)$ 和 $q_1(p,\beta)$ 是 p 的严格减函数。证毕。

6.2.2　机构利润分析

本部分以服务机构利润最大化为目标，分析几乎不可见情况下的最优定价。

由式(6.4)可知，系统处于 0 状态的概率 P_0 为：

$$P_0 = \sum_{n=0}^{\infty} P_{\mathrm{au}}(n,\ 0) = \frac{1-\rho_1(p,\ \beta)}{1-\rho_1(p,\ \beta)+\rho_0(p,\ \beta)}.$$

系统处于 1 状态的概率 P_1 为：

$$P_1 = \sum_{n=1}^{\infty} P_{\mathrm{au}}(n,\ 1) = \frac{\rho_0(p,\ \beta)}{1-\rho_1(p,\ \beta)+\rho_0(p,\ \beta)}.$$

服务机构利润与服务价格 p 和有限理性水平 β 相关，表达式如下：

$$\begin{aligned}
\Pi_{\mathrm{au}}(p,\ \beta) &= \lambda\left[q_0(p,\ \beta)\frac{1-\rho_1(p,\ \beta)}{1-\rho_1(p,\ \beta)+\rho_0(p,\ \beta)}\right. \\
&\quad \left.+ q_1(p,\ \beta)\frac{\rho_0(p,\ \beta)}{1-\rho_1(p,\ \beta)+\rho_0(p,\ \beta)}\right]p \\
&= \frac{\lambda q_{\mathrm{au}}(0)(p,\ \beta)p}{1-\rho_1(p,\ \beta)+\rho_0(p,\ \beta)}
\end{aligned} \tag{6.11}$$

当 $\beta\to+\infty$ 时，顾客完全有限理性，在加入系统与不加入系统之间随机选择，$q_0(p,\ \beta)=q_1(p,\ \beta)=\dfrac{1}{2}$，机构利润 $\Pi_{\mathrm{au}}(p,\ \beta)_{\beta\to+\infty}$ 为：

$$\Pi_{au}(p,\beta)_{\beta\to+\infty} = \frac{1}{2}\lambda p.$$

即当顾客完全有限理性时，越高的服务价格对服务机构越有利。

定理 6.4 在几乎不可见多重休假 $M/M/1$ 排队系统中，对于任意固定的有限理性水平 β，$\Pi_{au}(p)$ 是 p 的单峰函数，存在唯一 $p^*(\beta) = \dfrac{[1-\rho_1(p)+\rho_0(p)]AB}{X+Y}$ 使得 $\Pi_{au}(p)$ 最大化。其中，

$$A = \beta[\mu - \lambda q_1(p)]^2 + C\lambda q_1(p)[1-q_1(p)],$$

$$B = \beta\mu\theta + C\lambda q_0(p)[1-q_0(p)],$$

$$X = \beta[\mu - \lambda q_1(p)]^2[1 - q_0(p) + q_0(p)\rho_1(p) - q_1(p)\rho_1(p)],$$

$$Y = C\lambda\mu\theta[1-q_0(p)][1-\rho_1(p)]q_1(p)[1-q_1(p)].$$

相应的机构最优利润为：

$$\Pi_{au}^*(p) = \frac{\lambda q_0[p_{au}^*(p)]AB}{X+Y}$$

证明：对于任意固定的 β，将 $\Pi_{au}(p,\beta,\theta)$，$q_0(p,\beta,\theta)$ 和 $q_1(p,\beta,\theta)$ 简写为 $\Pi_{au}(p)$，$q_0(p)$ 和 $q_1(p)$。对 $\Pi_{au}(p)$ 求一阶导，有

$$\frac{d\Pi_{au}(p)}{dp} = \lambda\left[\frac{q_0(p)}{1-\rho_1(p)+\rho_0(p)} + \frac{\dfrac{dq_0(p)}{dp}[1-\rho_1(p)] + \dfrac{dq_1(p)}{dp}\rho_0(p)}{[1-\rho_1(p)+\rho_0(p)]^2}p\right]$$

其中，

$$\frac{dq_0(p)}{dp} = -\frac{\mu\theta q_0(p)[1-q_0(p)]}{\beta\mu\theta + C\lambda q_0(p)[1-q_0(p)]}$$

$$\frac{dq_{au}(1)(p)}{dp} = \frac{-\beta\mu\theta q_1(p)[1-q_1(p)][\mu - \lambda q_1(p)]}{AB}$$

$$A = \beta[\mu - \lambda q_1(p)]^2 + C\lambda q_1(p)[1-q_1(p)]$$

$$B = \beta\mu\theta + C\lambda q_0(p)[1-q_0(p)]$$

令 $\dfrac{d\Pi_{au}(p)}{dp} = 0$，有

$$\widetilde{p} = \frac{[1-\rho_1(p)+\rho_0(p)]AB}{X+Y}$$

其中,
$$X = \beta \left[\mu - \lambda q_1(p) \right]^2 \left[1 - q_0(p) + q_0(p)\rho_1(p) - q_1(p)\rho_1(p) \right]$$
$$Y = C\lambda\mu\theta \left[1 - q_0(p) \right]\left[1 - \rho_1(p) \right]q_1(p)\left[1 - q_1(p) \right]$$

由于当 $p \leqslant \tilde{p}$ 时, $\dfrac{\mathrm{d}\Pi_{au}(p)}{\mathrm{d}p} \geqslant 0$, 当 $p > \tilde{p}$ 时, $\dfrac{\mathrm{d}\Pi_{au}(p)}{\mathrm{d}p} < 0$, 故有 $\Pi_{au}(p)$ 是 p 的单峰函数, 存在唯一 $p^*(\beta) = \tilde{p}$ 使得 $\Pi_{au}(p)$ 最大化。

此时, 机构最优利润为:
$$\Pi_{au}^*(p) = \frac{\lambda q_0 \left[p_{au}^*(p) \right]AB}{X + Y}.$$

证毕。

6.2.3　社会福利分析

顾客为了获得服务支付的价格 p 可以看作福利在顾客与机构之间的转移, 因此, 不出现在社会福利表达式中, 单位时间的社会福利 $\mathrm{SW}_{au}(p, \beta)$ 为:

$$\mathrm{SW}_{au}(p, \beta) = \lambda \frac{1 - \rho_1(p, \beta)}{1 - \rho_1(p, \beta) + \rho_0(p, \beta)}q_0(p, \beta)\left(R - C\frac{\lambda_0(p, \beta) + \theta}{\mu\theta} - \frac{C}{\theta} \right)$$
$$+ \lambda \frac{\rho_0(p, \beta)}{1 - \rho_1(p, \beta) + \rho_0(p, \beta)}q_1(p, \beta)$$
$$\left(R - C\frac{\lambda_0(p, \beta) + \theta}{\mu\theta} - \frac{C}{\mu - \lambda_1(p, \beta)} \right). \tag{6.12}$$

注意到, p 通过影响 $q_0(p, \beta)$ 和 $q_1(p, \beta)$ 间接影响社会福利 $\mathrm{SW}_{au}(p, \beta)$。当 $\beta \to +\infty$ 时, 顾客完全有限理性, 在加入系统与不加入系统之间随机选择, $q_0(p, \beta) = q_1(p, \beta) = \dfrac{1}{2}$, $\mathrm{SW}_{au}(p, \beta)_{\beta \to +\infty}$ 取值与 p 无关。即

$$\mathrm{SW}_{au}(\beta)_{\beta \to +\infty} = \frac{1}{2}\lambda\left(R - \frac{C}{\mu} - \frac{C}{\theta} - \frac{C\lambda}{\mu(2\mu - \lambda)} \right)$$

下面通过数值模拟, 分析顾客有限理性水平 β 对社会福利 SW_{au} 的影响。通过选取大量数据进行验证, 得到的结果表明社会福利 SW_{au} 关于 β 的变化趋势基本一致。即当 $p < \bar{p}_{au}$ 时, 社会福利是顾客有限理性水平的减函数; 当 $p > \bar{p}_{au}$ 时, 社

会福利是顾客有限理性水平的增函数。随着顾客有限理性水平的不断增大，社会福利收敛至 $\mathrm{SW}_{\mathrm{au}}(p,\beta)_{\beta\to+\infty}$。为了更直观展示数值模拟的结果，选取一组有代表性的数据($R=10$, $\mu=2$, $\lambda=1.2$, $C=2$, $\theta=1$)进行展示，结果如图6.2所示。此时，$\bar{p}_{\mathrm{au}}=6.4$。

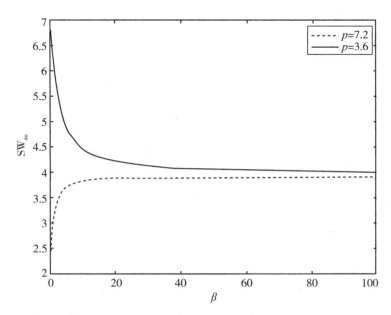

图6.2 有限理性水平 β 对社会福利 $\mathrm{SW}_{\mathrm{au}}$ 的影响

6.3 完全不可见情况

完全不可见情况下，顾客在 t 时刻来到时，既不知道系统服务台的状态 $I(t)$，也不知道系统中顾客数 $N(t)$，根据混合策略 $q_{\mathrm{fu}}(0<q_{\mathrm{fu}}<1)$ 加入系统。

令 $\lambda_{\mathrm{fu}}=\lambda q_{\mathrm{fu}}$ 表示顾客的有效到达率，完全不可见情况下，顾客有限理性的 $M/M/1$ 多重休假排队系统的状态转移图如图3所示：

令 $\rho_{\mathrm{fu}}=\dfrac{\lambda_{\mathrm{fu}}}{\mu}$, $\sigma=\dfrac{\lambda_{\mathrm{fu}}}{\lambda_{\mathrm{fu}}+\theta}$, 完全不可见情况下系统的稳态概率为：

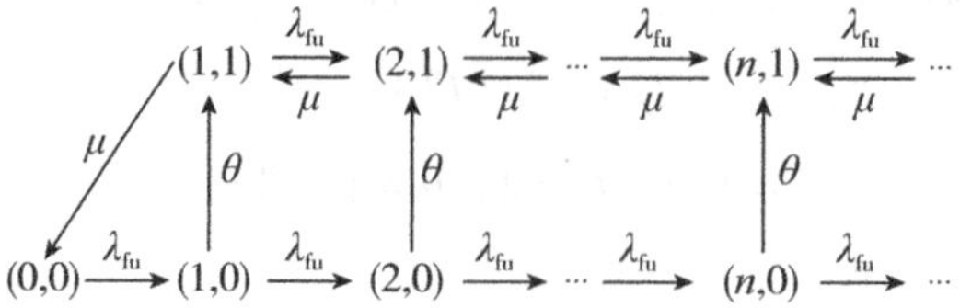

图 6.3　完全不可见情况下的系统状态转移图

$$P_{\mathrm{fu}}(n,\ 0) = (1-\sigma)(1-\rho_{\mathrm{fu}})\sigma^n,\quad k = 0,\ 1,\ \cdots$$

$$P_{\mathrm{fu}}(n,\ 1) = \frac{(1-\sigma)(1-\rho_{\mathrm{fu}})\rho_{\mathrm{fu}}}{\sigma - \rho_{\mathrm{fu}}}(\sigma^n - \rho_{\mathrm{fu}}{}^n),\quad k = 1,\ 2,\ \cdots$$

若顾客选择加入系统，其期望逗留时间为：

$$W_{\mathrm{fu}} = \frac{1}{\mu - \lambda q_{\mathrm{fu}}} + \frac{1}{\theta}.$$

6.3.1　顾客均衡分析

令 U_{fu} 表示顾客加入系统获得的实际效用，有

$$U_{\mathrm{fu}} = R - C\left(\frac{1}{\mu - \lambda_{\mathrm{fu}}} + \frac{1}{\theta}\right) - p$$

由于顾客有限理性，在决策时不能准确预估服务后收益，由式 (6.1) 和式 (6.2) 可得，当 $\beta > 0$ 时，顾客加入系统的概率 $q_{\mathrm{fu}}(p,\ \beta)$ 为：

$$q_{\mathrm{fu}}(p,\ \beta) = \frac{\mathrm{e}^{U_{\mathrm{fu}}(p,\ \beta)/\beta}}{1 + \mathrm{e}^{U_{\mathrm{fu}}(p,\ \beta)/\beta}} = \frac{\mathrm{e}^{\left(R - C\left(\frac{1}{\mu - \lambda q_{\mathrm{fu}}(p,\ \beta)} + \frac{1}{\theta}\right) - p\right)/\beta}}{1 + \mathrm{e}^{\left(R - C\left(\frac{1}{\mu - \lambda q_{\mathrm{fu}}(p,\ \beta)} + \frac{1}{\theta}\right) - p\right)/\beta}} \qquad (6.13)$$

下面论证 $q_{\mathrm{fu}}(p,\ \beta)$ 的存在性与唯一性。

定理 6.5　在完全不可见多重休假 $M/M/1$ 排队系统中，有限理性顾客的均衡加入概率 $q_{\mathrm{fu}}(p,\ \beta)$ 存在且唯一。

证明　令 $f[q_{\mathrm{fu}}(p,\ \beta)] = \dfrac{\mathrm{e}^{U_{\mathrm{fu}}/\beta}}{1 + \mathrm{e}^{U_{\mathrm{fu}}/\beta}} - q_{\mathrm{fu}}(p,\ \beta)$，显然 $f[q_{\mathrm{fu}}(p,\ \beta)]$ 连续，$f(0) > 0$，$f(1) < 0$。故至少存在一个 $q_{\mathrm{fu}}(p,\ \beta)$，使得 $f(q_{\mathrm{fu}}(p,\ \beta)) = 0$。

又由于 $\dfrac{\mathrm{d}f[q_{\mathrm{fu}}(p,\ \beta)]}{\mathrm{d}q_{\mathrm{fu}}(p,\ \beta)} = \dfrac{-C\lambda \mathrm{e}^{U_{\mathrm{fu}}(p,\ \beta)/\beta}}{[1 + \mathrm{e}^{U_{\mathrm{fu}}(p,\ \beta)/\beta}]^2 [\mu - \lambda q_{\mathrm{fu}}(p,\ \beta)]^2 \beta} - 1 < 0,$

$f[q_{\mathrm{fu}}(p,\beta)]$ 关于 $q_{\mathrm{fu}}(p,\beta)$ 单调递减，由中值定理知，有限理性顾客的均衡加入策略 $q_{\mathrm{fu}}^{e}(p,\beta)$ 存在且唯一。

定理6.6分析均衡策略 $q_{\mathrm{fu}}(p,\beta)$ 关于 p 和 β 的变化规律。为了分析方便，令 $\bar{p}_{\mathrm{fu}}$ $\equiv R - C\left(\dfrac{2}{2\mu-\lambda}+\dfrac{1}{\theta}\right)$ 表示均衡加入概率 $q_{\mathrm{fu}}(p,\beta)=0.5$ 时的价格。此时，无论有限理性水平如何，顾客实际效用为0。

定理 6.6　在顾客有限理性的完全不可见多重休假 $M/M/1$ 排队系统中，

（1）当 $p < \bar{p}_{\mathrm{fu}}$ 时，均衡加入概率 $q_{\mathrm{fu}}(p,\beta) > 1/2$，是有限理性水平 β 的严格减函数；

（2）当 $p > \bar{p}_{\mathrm{fu}}$ 时，均衡加入概率 $q_{\mathrm{fu}}(p,\beta) < 1/2$，是有限理性水平 β 的严格增函数；

（3）当 $p = \bar{p}_{\mathrm{fu}}$ 时，对于任意有限理性水平 β，均衡加入概率 $q_{\mathrm{fu}}(p,\beta) = 1/2$；

（4）对任意固定 β，均衡加入概率 $q_{\mathrm{fu}}(p,\beta)$ 是 p 的严格减函数。

证明　对 $q_{\mathrm{fu}}(p,\beta)$ 关于 β 求导，结合（3），有

$$\frac{\partial q_{\mathrm{fu}}(p,\beta)}{\partial \beta}=\frac{-\ln\dfrac{q_{\mathrm{fu}}(p,\beta)}{1-q_{\mathrm{fu}}(p,\beta)}}{\dfrac{\beta}{q_{\mathrm{fu}}(p,\beta)\left[1-q_{\mathrm{fu}}(p,\beta)\right]}+\dfrac{C\lambda}{\left[\mu-\lambda q_{\mathrm{fu}}(p,\beta)\right]^{2}}}$$

由于分母 $\dfrac{\beta}{q_{\mathrm{fu}}(p,\beta)\left[1-q_{\mathrm{fu}}(p,\beta)\right]}+\dfrac{C\lambda}{\left[\mu-\lambda q_{\mathrm{fu}}(p,\beta)\right]^{2}}>0,\dfrac{\partial q_{\mathrm{fu}}(p,\beta,\theta)}{\partial \beta}$ 的正负取决于分子,故有

（1）当 $\dfrac{1}{2} < q_{\mathrm{fu}}(p,\beta) < 1$ 时,有 $\ln\dfrac{q_{\mathrm{fu}}(p,\beta)}{1-q_{\mathrm{fu}}(p,\beta)} > 0,\dfrac{\partial q_{\mathrm{fu}}(p,\beta)}{\partial \beta} < 0$,加入概率 $q_{\mathrm{fu}}(p,\beta)$ 是有限理性水平 β 的减函数。此时,$R - C\left(\dfrac{1}{\mu-0.5\lambda}+\dfrac{1}{\theta}\right) - p > 0$,即 $p < \bar{p}_{\mathrm{fu}}$。

（2）当 $0 < q_{\mathrm{fu}}(p,\beta) < \dfrac{1}{2}$ 时,有 $\ln\dfrac{q_{\mathrm{fu}}(p,\beta)}{1-q_{\mathrm{fu}}(p,\beta)} < 0,\dfrac{\partial q_{\mathrm{fu}}(p,\beta)}{\partial \beta} > 0$,加入概率 $q_{\mathrm{fu}}(p,\beta)$ 是有限理性水平 β 的增函数。此时,$R - C\left(\dfrac{1}{\mu-0.5\lambda}+\dfrac{1}{\theta}\right) - p < 0$,即

$p > \overline{p}_{\text{fu}}$。

（3）当 $q_{\text{fu}}(p,\beta) = \dfrac{1}{2}$ 时，$R - C\left(\dfrac{1}{\mu - 0.5\lambda} + \dfrac{1}{\theta}\right) - p = 0$，即 $p = \overline{p}_{\text{fu}}$。

（4）对于固定 β，利用隐函数求导法则，有

$$\frac{\mathrm{d}q_{\text{fu}}(p)}{\mathrm{d}p} = -\frac{\left[\mu - \lambda q_{\text{fu}}(p)\right]^2 q_{\text{fu}}(p)\left[1 - q_{\text{fu}}(p)\right]}{\beta\left[\mu - \lambda q_{\text{fu}}(p)\right]^2 + C\lambda q_{\text{fu}}(p)\left[1 - q_{\text{fu}}(p)\right]} < 0.$$

故均衡加入概率 $q_{\text{fu}}(p)$ 是 p 的严格减函数。

证毕。

以上定理表明，当服务价格较低时，每个加入系统的顾客获得的实际效用为正，由式（6.3）可知，顾客加入概率大于 1/2，随着有限理性水平上升，顾客做出最优决策的难度增大，更多的顾客将本应为正的实际效用预估为负效用，从而做出不加入的决策，故加入概率随着有限理性水平的提高而降低；反之，当服务价格较高时，顾客接受服务后获得的实际效用为负，随着顾客有限理性水平的提高，会有更多的顾客将本应为负的实际效用预估为正效用，从而决定加入，故加入概率随有限理性水平的提高而增大。如果设定服务价格使得顾客获得的实际效用为 0，顾客的加入概率为固定值 1/2，不随有限理性水平的变化而变化。此外，当服务价格提高时，无论有限理性水平如何，顾客对于服务的需求都降低，此结论与需求定律一致。

6.3.2　机构利润分析

本部分以服务机构利润最大化为目标，分析完全不可见情况下的最优定价。

服务机构利润与服务价格 p 和有限理性水平 β 相关，表达式如下：

$$\Pi_{\text{fu}}\left[q_{\text{fu}}(p, \beta)\right] = \lambda q_{\text{fu}}(p, \beta)p \tag{6.14}$$

注意到 $\Pi_{\text{fu}}(p, \beta)$ 是 $q_{\text{fu}}(p, \beta)$ 简单的线性变换。当 $\beta \to +\infty$ 时，顾客完全有限理性，在加入系统与不加入系统之间随机选择，$q_{\text{fu}}(p, \beta)_{\beta \to +\infty} = \dfrac{1}{2}$，机构利润为：

$$\Pi_{\text{fu}}\left[q_{\text{fu}}(\beta)\right]_{\beta \to +\infty} = \frac{1}{2}\lambda p.$$

即当顾客完全有限理性时，越高的服务价格对服务机构越有利。

令 $\beta_0 = R - C\left[\dfrac{4\mu}{(2\mu - \lambda)^2} + \dfrac{1}{\theta}\right]$ 表示最优价格 $p^*(\beta_0) = \bar{p}_{\mathrm{fu}}$ 时的有限理性水平，在有限理性水平 β_0 和利润最优化价格下，顾客加入系统获得的期望效用为 0。定理 6.7 分析服务机构利润 $\Pi_{\mathrm{fu}}(p, \beta)$ 随 p 和 β 的变化情况。

定理 6.7 在顾客有限理性的完全不可见多重休假 M/M/1 排队系统中，

(1) $\Pi_{\mathrm{fu}}(p, \beta)$ 是 p 的单峰函数，

存在唯一 $p^*(\beta) = \dfrac{\beta q_{\mathrm{fu}}[p^*(\beta), \beta]}{1 - q_{\mathrm{fu}}[p^*(\beta), \beta]} + \dfrac{C\lambda q_{\mathrm{fu}}[p^*(\beta), \beta]}{\{\mu - \lambda q_{\mathrm{fu}}[p^*(\beta), \beta]\}^2}$ 使得 $\Pi_{\mathrm{fu}}(p, \beta)$ 最大化，当且仅当有限理性水平

$$\beta > \max\left\{\frac{2C\lambda^2 q_{\mathrm{fu}}^2[p^*(\beta), \beta]\{1 - q_{\mathrm{fu}}[p^*(\beta), \beta]\}^2}{\{2q_{\mathrm{fu}}[p^*(\beta), \beta] - 1\}\{\mu - \lambda q_{\mathrm{fu}}[p^*(\beta), \beta]\}^3},\right.$$
$$\left.\frac{C\lambda q_{\mathrm{fu}}[p^*(\beta), \beta]\{1 - q_{\mathrm{fu}}[p^*(\beta), \beta]\}}{\{\mu - \lambda q_{\mathrm{fu}}[p^*(\beta), \beta]\}^2}\right\}.$$

此时，机构最优利润为：

$$\Pi_{\mathrm{fu}}^*(p, \beta) = \lambda q_{\mathrm{fu}}^c(\beta) p^*(\beta).$$

$q_{\mathrm{fu}}^c(\beta)$ 满足：

$$\beta\left(\ln \frac{q_{\mathrm{fu}}^c(\beta)}{1 - q_{\mathrm{fu}}^c(\beta)} + \frac{q_{\mathrm{fu}}^c(\beta)}{1 - q_{\mathrm{fu}}^c(\beta)}\right) = R - \frac{C\mu}{[\mu - \lambda q_{\mathrm{fu}}^c(\beta)]^2} - \frac{C}{\theta}.$$

(2) 对于 $\beta \in [\max(\beta_0, 0), \infty)$，最优服务价格 $p^*(\beta)$ 是有限理性水平 β 的严格单调增函数。

证明 (1) 将 $\Pi_{\mathrm{fu}}(p, \beta)$ 和 $q_{\mathrm{fu}}(p, \beta)$ 简化为 $\Pi_{\mathrm{fu}}(p, \beta)$ 和 $q_{\mathrm{fu}}(p, \beta)$。对 $\Pi_{\mathrm{fu}}(p, \beta)$ 求一阶导，有

$$\frac{\partial \Pi_{\mathrm{fu}}(p, \beta)}{\partial p} = \lambda\left[q_{\mathrm{fu}}(p, \beta) + p\frac{\partial q_{\mathrm{fu}}(p, \beta)}{\partial p}\right],$$

其中，

$$\frac{\partial q_{\mathrm{fu}}(p, \beta)}{\partial p} = -\frac{1}{\dfrac{\beta}{q_{\mathrm{fu}}(p, \beta)[1 - q_{\mathrm{fu}}(p, \beta)]} + \dfrac{C\lambda}{[\mu - \lambda q_{\mathrm{fu}}(p, \beta)]^2}} < 0.$$

令 $\dfrac{\partial \Pi_{\mathrm{fu}}(p,\beta)}{\partial p} = 0$,有

$$p = -\frac{q_{\mathrm{fu}}(p,\beta)}{\dfrac{\partial q_{\mathrm{fu}}(p,\beta)}{\partial p}} = \frac{\beta q_{\mathrm{fu}}(p,\beta)}{1 - q_{\mathrm{fu}}(p,\beta)} + \frac{C\lambda q_{\mathrm{fu}}(p,\beta)}{[\mu - \lambda q_{\mathrm{fu}}(p,\beta)]^2} > 0,$$

下面论证 p 的唯一性。对于任意固定 β,令 $g(p) \equiv \dfrac{\beta q_{\mathrm{fu}}(p)}{1 - q_{\mathrm{fu}}(p)} + \dfrac{C\lambda q_{\mathrm{fu}}(p)}{[\mu - \lambda q_{\mathrm{fu}}(p)]^2}$ $- p$。由于

$$\frac{\mathrm{d}g(p)}{\mathrm{d}p} = \frac{\beta}{[1 - q_{\mathrm{fu}}(p)]^2}\frac{\mathrm{d}q_{\mathrm{fu}}(p)}{\mathrm{d}p} + C\lambda\frac{\mu - \lambda q_{\mathrm{fu}}(p) + 2q_{\mathrm{fu}}(p)\lambda}{[\mu - \lambda q_{\mathrm{fu}}(p)]^3}\frac{\mathrm{d}q_{\mathrm{fu}}(p)}{\mathrm{d}p} - 1 < 0,$$

$g(p)$ 关于 p 单调递减。又由于 $g(0) > 0$, $g(\infty) = -\infty$,存在唯一 p^* 使得 $g(p) = 0$, p^* 存在且唯一。

又由于

$$\frac{\partial^2 \Pi_{\mathrm{fu}}(p,\beta)}{\partial p^2} = \lambda\left[2\frac{\partial q_{\mathrm{fu}}(p,\beta)}{\partial p} + p\frac{\partial^2 q_{\mathrm{fu}}(p,\beta)}{\partial p^2}\right].$$

其中

$$\frac{\partial^2 q_{\mathrm{fu}}(p,\beta)}{\partial p^2} = \frac{\dfrac{2C\lambda^2}{[\mu - \lambda q_{\mathrm{fu}}(p,\beta)]^3} - \dfrac{\beta[2q_{\mathrm{fu}}(p,\beta) - 1]}{q_{\mathrm{fu}}^2(p,\beta)[1 - q_{\mathrm{fu}}(p,\beta)]^2}}{\dfrac{\beta}{q_{\mathrm{fu}}(p,\beta)[1 - q_{\mathrm{fu}}(p,\beta)]} - \dfrac{C\lambda}{[\mu - \lambda q_{\mathrm{fu}}(p,\beta)]^2}}$$

$$= -\frac{\beta - \dfrac{2C\lambda^2 q_{\mathrm{fu}}^2(p,\beta)[1 - q_{\mathrm{fu}}(p,\beta)]^2}{[2q_{\mathrm{fu}}(p,\beta) - 1][\mu - \lambda q_{\mathrm{fu}}(p,\beta)]^3}}{\beta - \dfrac{C\lambda q_{\mathrm{fu}}(p,\beta)[1 - q_{\mathrm{fu}}(p,\beta)]}{[\mu - \lambda q_{\mathrm{fu}}(p,\beta)]^2}}.$$

当 $\dfrac{\partial^2 \Pi_{\mathrm{fu}}(p,\beta)}{\partial p^2} < 0$,即 $\dfrac{\partial^2 q_{\mathrm{fu}}(p,\beta)}{\partial p^2} < 0$ 时, $\Pi_{\mathrm{fu}}(p,\beta)$ 在 $p^*(\beta) = \dfrac{\beta q_{\mathrm{fu}}[p^*(\beta),\beta]}{1 - q_{\mathrm{fu}}[p^*(\beta),\beta]}$ $+ \dfrac{C\lambda q_{\mathrm{fu}}[p^*(\beta),\beta]}{[\mu - \lambda q_{\mathrm{fu}}(p^*(\beta),\beta)]^2}$ 取得最大值。此时,有限理性水平

$$\beta > \max\left\{\frac{2C\lambda^2 q_{\mathrm{fu}}^2[p^*(\beta),\beta]\{1 - q_{\mathrm{fu}}[p^*(\beta),\beta]\}^2}{\{2q_{\mathrm{fu}}[p^*(\beta),\beta] - 1\}\{\mu - \lambda q_{\mathrm{fu}}[p^*(\beta),\beta]\}^3},\right.$$

$$\frac{C\lambda q_{\text{fu}}[p^*(\beta),\beta]\{1 - q_{\text{fu}}[p^*(\beta),\beta]\}}{\{\mu - \lambda q_{\text{fu}}[p^*(\beta),\beta]\}^2}\Bigg\}。$$

故当有限理性水平 $\beta > \max\Bigg\{\dfrac{2C\lambda^2 q_{\text{fu}}^2[p^*(\beta),\beta]\{1 - q_{\text{fu}}[p^*(\beta),\beta]\}^2}{\{2q_{\text{fu}}[p^*(\beta),\beta] - 1\}\{\mu - \lambda q_{\text{fu}}[p^*(\beta),\beta]\}^3}$,

$\dfrac{C\lambda q_{\text{fu}}[p^*(\beta),\beta]\{1 - q_{\text{fu}}[p^*(\beta),\beta]\}}{\{\mu - \lambda q_{\text{fu}}[p^*(\beta),\beta]\}^2}\Bigg\}$ 时，$\Pi_{\text{fu}}(p,\beta)$ 为 p 的单峰函数，存在唯一

$p^*(\beta) = \dfrac{\beta q_{\text{fu}}[p^*(\beta),\beta]}{1 - q_{\text{fu}}[p^*(\beta),\beta]} + \dfrac{C\lambda q_{\text{fu}}[p^*(\beta),\beta]}{\{\mu - \lambda q_{\text{fu}}[p^*(\beta),\beta]\}^2}$ 使得 $\Pi_{\text{fu}}(p,\beta)$ 最大化。

此时，机构最优利润为：

$$\Pi_{\text{fu}}^*(p,\beta) = \lambda q_{\text{fu}}^c p^*(\beta).$$

$q_{\text{fu}}^c(\beta)$ 满足：

$$\beta\left(\ln\frac{q_{\text{fu}}^c(\beta)}{1 - q_{\text{fu}}^c(\beta)} + \frac{q_{\text{fu}}^c(\beta)}{1 - q_{\text{fu}}^c(\beta)}\right) = R - \frac{C\mu}{[\mu - \lambda q_{\text{fu}}^c(\beta)]^2} - \frac{C}{\theta}.$$

（2）$p^*(\beta)$ 的表达式为：

$$p^*(\beta) = \frac{\beta q_{\text{fu}}[p^*(\beta),\beta]}{1 - q_{\text{fu}}[p^*(\beta),\beta]} + \frac{C\lambda q_{\text{fu}}[p^*(\beta),\beta]}{\{\mu - \lambda q_{\text{fu}}[p^*(\beta),\beta]\}^2}.$$

利用隐函数求导法则，有

$$\frac{\mathrm{d}p^*(\beta)}{\mathrm{d}\beta} =$$

$$\frac{\left\{\dfrac{\beta}{[1 - q_{\text{fu}}(p,\beta)]^2} + \dfrac{C\lambda[\mu + \lambda q_{\text{fu}}(p,\beta)]}{[\mu - \lambda q_{\text{fu}}(p,\beta)]^3}\right\}\dfrac{\partial q_{\text{fu}}(p,\beta)}{\partial\beta}\Bigg|_{p = p^*(\beta)} + \dfrac{q_{\text{fu}}(p,\beta)}{1 - q_{\text{fu}}(p,\beta)}}{1 - \dfrac{\beta}{[1 - q_{\text{fu}}(p,\beta)]^2}\dfrac{\partial q_{\text{fu}}(p,\beta)}{\partial p}\Bigg|_{p = p^*(\beta)} - \dfrac{C\lambda(\mu + \lambda q_{\text{fu}})}{[\mu - \lambda q_{\text{fu}}(p,\beta)]^3}\dfrac{\partial q_{\text{fu}}(p,\beta)}{\partial p}\Bigg|_{p = p^*(\beta)}}.$$

注意到 $\dfrac{\partial q_{\text{fu}}(p,\beta)}{\partial p}\Bigg|_{p = p^*(\beta)} < 0$，分母严格为正，因此 $\dfrac{\mathrm{d}p^*(\beta)}{\mathrm{d}\beta}$ 的符号与分子相同。

如果 $\dfrac{\partial q_{\text{fu}}(p,\beta)}{\partial\beta}\Bigg|_{p = p^*(\beta)} \geqslant 0$，即 $p^*(\beta) \geqslant \bar{p}_{\text{fu}}$（根据定理 6.6），那么 $\dfrac{\mathrm{d}p^*(\beta)}{\mathrm{d}\beta} > 0$；否则，

分子可能为负，$\dfrac{\mathrm{d}p^*(\beta)}{\mathrm{d}\beta}$ 的符号与 $\left\{\dfrac{\beta}{[1 - q_{\text{fu}}(p,\beta)]^2} + \dfrac{C\lambda[\mu + \lambda q_{\text{fu}}(p,\beta)]}{[\mu - \lambda q_{\text{fu}}(p,\beta)]^3}\right\}$

$$\frac{\partial q_{\mathrm{fu}}(p,\beta)}{\partial \beta}\bigg|_{p=p^*(\beta)} + \frac{q_{\mathrm{fu}}(p,\beta)}{1 - q_{\mathrm{fu}}(p,\beta)} \text{ 相同。}$$

对 $p^*(\beta) \geqslant \bar{p}_{\mathrm{fu}}$ 进一步化简,有

$$\beta \geqslant \frac{1 - q_{\mathrm{fu}}(p,\beta)}{q_{\mathrm{fu}}(p,\beta)}\left\{R - C\left[\frac{2}{2\mu - \lambda} + \frac{\lambda q_{\mathrm{fu}}(p,\beta)}{[\mu - \lambda q_{\mathrm{fu}}(p,\beta)]^2} + \frac{1}{\theta}\right]\right\}.$$

当等号成立时,$p^*(\beta) = \bar{p}_{\mathrm{fu}}$,$q_{\mathrm{fu}}(p,\beta) = 1/2$,有

$$R - C\left(\frac{2}{2\mu - \lambda} + \frac{1}{\theta}\right) = \beta + \frac{2C\lambda}{(2\mu - \lambda)^2}.$$

化简后,得

$$\beta_0 = R - C\left(\frac{4\mu}{(2\mu - \lambda)^2} + \frac{1}{\theta}\right).$$

由于 $\beta > 0$,下面讨论 β_0 的正负。

当 $\beta_0 > 0$,即 $R > C\left(\dfrac{4\mu}{(2\mu - \lambda)^2} + \dfrac{1}{\theta}\right)$ 时,对任意 $\beta > \beta_0$,有 $\dfrac{\mathrm{d}p^*(\beta)}{\mathrm{d}\beta} > 0$;另一方面,当 $\beta_0 \leqslant 0$,即 $R \leqslant C\left(\dfrac{4\mu}{(2\mu - \lambda)^2} + \dfrac{1}{\theta}\right)$ 时,容易得到 $p^*(0) = R - C\left(\sqrt{\dfrac{R\theta - C}{\mu\theta C}} + \dfrac{1}{\theta}\right)$,满足 $p^*(0) \geqslant \bar{p}_{\mathrm{fu}}$,即对于任意 $\beta \in [0,\infty)$,有 $\dfrac{\mathrm{d}p^*(\beta)}{\mathrm{d}\beta} > 0$。

综上,对于 $\beta \in [\max(\beta_0, 0), \infty)$,最优服务价格 $p^*(\beta)$ 是有限理性水平 β 的严格单调增函数。

证毕.

可以看出,更高的有限理性水平导致更高的最优服务价格。当最优服务价格较高时,均衡条件下加入系统的顾客获得负效用,到达系统的顾客加入率不足 $1/2$,但有限理性水平越高,顾客的加入概率越接近 $1/2$(根据定理 6.6 (2));而当服务价格较低时,均衡条件下加入系统的顾客获得正效用,到达系统的顾客加入率超过 $1/2$,有限理性水平越高,顾客的加入概率也越接近 $1/2$(根据定理 6.6(1))。因此,服务机构利润最大化的定价决策是在服务价格与有效到达率之间权衡。

6.3.3 社会福利分析

对于任意给定的 p 和 β，社会福利表达式为 $\mathrm{SW}_{\mathrm{fu}}(p, \beta)$：

$$\mathrm{SW}_{\mathrm{fu}}(p, \beta) = \lambda q_{\mathrm{fu}}(p, \beta)\left[R - \frac{C}{\mu - \lambda q_{\mathrm{fu}}(p, \beta)} - \frac{C}{\theta}\right] \tag{6.15}$$

注意到，p 通过影响 $q_{\mathrm{fu}}(p, \beta)$ 间接影响社会福利 $\mathrm{SW}_{\mathrm{fu}}(p, \beta)$。容易看出，社会福利 $\mathrm{SW}_{\mathrm{fu}}(p, \beta)$ 是 $q_{\mathrm{fu}}(p, \beta)$ 的严格凸函数。根据定理 6.7，我们知道，顾客完全理性时，机构利润最优时的定价为：$p^*(0) = R - C\left(\sqrt{\frac{R\theta - C}{\mu\theta C}} + \frac{1}{\theta}\right)$。当 $\beta \to +\infty$ 时，顾客完全有限理性，在加入系统与不加入系统之间随机选择，$q_{\mathrm{fu}}(p, \beta)_{\beta \to +\infty} = \frac{1}{2}$，$\mathrm{SW}_{\mathrm{fu}}(p, \beta)_{\beta \to +\infty}$ 取值与 p 无关。即

$$\mathrm{SW}_{\mathrm{fu}}(p, \beta)_{\beta \to +\infty} = \frac{1}{2}\lambda\left(R - \frac{2C}{2\mu - \lambda} - \frac{C}{\theta}\right)$$

下面分析社会福利最优时的价格和相应的社会福利。由定理 6.6(3) ~ 6.6(4) 知，顾客加入率 $q_{\mathrm{fu}}(p, \beta)$ 为 p 的单调减函数。那么，寻找社会福利最优的价格 $p^*_{\mathrm{SW}_{\mathrm{fu}}}$ 可简化为寻找最优的加入概率 $q^*_{\mathrm{SW}_{\mathrm{fu}}}$。令 $\mathrm{SW}_{\mathrm{fu}}(p, \beta)$ 关于 $q_{\mathrm{fu}}(p, \beta)$ 的偏导为 0，有

$$\frac{\mathrm{d}\mathrm{SW}_{\mathrm{fu}}(p, \beta)}{\mathrm{d}q_{\mathrm{fu}}(p, \beta)} = \lambda\left[R - \frac{C\mu}{[\mu - \lambda q_{\mathrm{fu}}(p, \beta)]^2} - \frac{C}{\theta}\right] = 0.$$

得到加入概率为：

$$q^*_{\mathrm{SW}_{\mathrm{fu}}} = \frac{\mu - \sqrt{\mu C/(R - C/\theta)}}{\lambda}.$$

又由于 $\dfrac{\mathrm{d}^2\mathrm{SW}_{\mathrm{fu}}(p, \beta)}{\mathrm{d}q^2_{\mathrm{fu}}(p, \beta)} < 0$，社会福利 $\mathrm{SW}_{\mathrm{fu}}(p, \beta)$ 是 $q_{\mathrm{fu}}(p, \beta)$ 的严格凸函数，故 $q^*_{\mathrm{SW}_{\mathrm{fu}}}$ 是使得社会福利 $\mathrm{SW}_{\mathrm{fu}}(p, \beta)$ 最大时的加入概率。

此加入概率在 $[0, 1]$ 上取得，有 $R \in \left[\dfrac{C}{\mu} + \dfrac{C}{\theta}, \dfrac{C\mu}{(\mu - \lambda)^2} + \dfrac{C}{\theta}\right]$。若此均衡点在边界上取得，问题退化为：① 当 $R < \dfrac{C}{\mu} + \dfrac{C}{\theta}$ 时，社会最优策略是所有顾客不加

入系统；② 当 $R > \dfrac{C\mu}{(\mu - \lambda)^2} + \dfrac{C}{\theta}$ 时，社会最优策略是所有顾客加入系统。

将社会福利最优时的加入概率 $q^*_{\mathrm{SW_{fu}}}$ 代入均衡条件，得到无约束的均衡价格为：

$$p^*_{\mathrm{SW_{fu}}} = R - \sqrt{\frac{C(R - C/\theta)}{\mu}} - \frac{C}{\theta} - \beta\ln\frac{q^*_{\mathrm{SW_{fu}}}}{1 - q^*_{\mathrm{SW_{fu}}}} = p^*(0) - \beta\ln\frac{q^*_{\mathrm{SW_{fu}}}}{1 - q^*_{\mathrm{SW_{fu}}}} \quad (6.16)$$

从上式可以看出，$p^*_{\mathrm{SW_{fu}}}$ 可能为负，社会福利最优的价格是 $\max\{0,\ p^*_{\mathrm{SW_{fu}}}\}$。以下定理论证社会福利 $\mathrm{SW_{fu}}(p,\ \beta)$ 随 β 的变化情况。

定理 6.8　在顾客有限理性的完全不可见多重休假 M/M/1 排队系统中，

(1) 若 $p = \bar{p}_{\mathrm{fu}}$，社会福利 $\mathrm{SW_{fu}}(p,\ \beta)$ 在 $\beta \geqslant 0$ 时是常数；

(2) 若 $[p^*(0) - \bar{p}_{\mathrm{fu}}][p - \bar{p}_{\mathrm{fu}}] \leqslant 0$ 且 $p \neq \bar{p}$，社会福利 $\mathrm{SW_{fu}}(p,\ \beta)$ 在 $\beta \geqslant 0$ 时严格递增；

(3) 若 $p \in (\min\{\bar{p}_{\mathrm{fu}},\ p^*(0)\},\ \max\{\bar{p}_{\mathrm{fu}},\ p^*(0)\}) \cup p^*(0)$，社会福利 $\mathrm{SW_{fu}}(p,\ \beta)$ 在 $\beta \geqslant 0$ 时严格递减；

(4) 若 $[p^*(0) - \bar{p}_{\mathrm{fu}}][p - p^*(0)] > 0$，社会福利 $\mathrm{SW_{fu}}(p,\ \beta)$ 在 $[0,\ \beta_{\mathrm{SW_{fu}}}(p)]$ 内严格递增，在 $[\beta_{\mathrm{SW_{fu}}}(p),\ \infty]$ 内严格递减，其中

$$\beta_{\mathrm{SW_{fu}}}(p) = \frac{R - p - \sqrt{\dfrac{C(R - C/\theta)}{\mu}} - \dfrac{C}{\theta}}{\ln[\mu - \sqrt{\mu C/(R - C/\theta)}]/[\lambda - \mu + \sqrt{\mu C/(R - C/\theta)}]}.$$

证明　首先，对 $\mathrm{SW_{fu}}(p,\ \beta)$ 关于 β 求导，有

$$\frac{\partial \mathrm{SW_{fu}}(p,\beta)}{\partial \beta} = \lambda\left[R - \frac{C\mu}{[\mu - \lambda q_{\mathrm{fu}}(p,\beta)]^2} - \frac{C}{\theta}\right]\frac{\partial q_{\mathrm{fu}}(p,\beta)}{\partial \beta}$$

$$= \lambda\left\{R - \frac{C\mu}{[\mu - \lambda q_{\mathrm{fu}}(p,\beta)]^2} - \frac{C}{\theta}\right\}\frac{-\left[R - p - \dfrac{C}{\mu - \lambda q_{\mathrm{fu}}(p,\beta)}\right]}{\dfrac{\beta^2}{q_{\mathrm{fu}}(p,\beta)[1 - q_{\mathrm{fu}}(p,\beta)]} + \dfrac{C\lambda\beta}{[\mu - \lambda q_{\mathrm{fu}}(p,\beta)]^2}}.$$

由于 $\dfrac{\beta^2}{q_{\mathrm{fu}}(p,\beta)[1 - q_{\mathrm{fu}}(p,\beta)]} + \dfrac{C\lambda\beta}{[\mu - \lambda q_{\mathrm{fu}}(p,\beta)]^2} > 0$，$\dfrac{\partial \mathrm{SW_{fu}}(p,\beta)}{\partial \beta}$ 的符号取决于 $R - \dfrac{C\mu}{[\mu - \lambda q_{\mathrm{fu}}(p,\beta)]^2} - \dfrac{C}{\theta}$ 和 $R - p - \dfrac{C}{\mu - \lambda q_{\mathrm{fu}}(p,\beta)}$。

（1）当 $p = \bar{p}_{\text{fu}}$ 时，$q_{\text{fu}}(\bar{p}_{\text{fu}},\beta) = 0.5$，故此时无论 β 取何值，社会福利 $\text{SW}_{\text{fu}}(p,\beta)$ 为常数。

（2）当 $\dfrac{\partial \text{SW}_{\text{fu}}(p,\beta)}{\partial \beta} > 0$ 时，须满足以下两个条件之一：

① $R - \dfrac{C\mu}{[\mu - \lambda q_{\text{fu}}(p,\beta)]^2} - \dfrac{C}{\theta} < 0$ 且 $R - p - \dfrac{C}{\mu - \lambda q_{\text{fu}}(p,\beta)} > 0$；

② $R - \dfrac{C\mu}{[\mu - \lambda q_{\text{fu}}(p,\beta)]^2} - \dfrac{C}{\theta} \geq 0$ 且 $R - p - \dfrac{C}{\mu - \lambda q_{\text{fu}}(p,\beta)} < 0$。

由定理 6.6 知，

① 当 $R - \dfrac{C\mu}{[\mu - \lambda q_{\text{fu}}(p,\beta)]^2} - \dfrac{C}{\theta} < 0$ 时，有 $q_{\text{fu}}(p,\beta) > \dfrac{\mu - \sqrt{\mu C/(R - C/\theta)}}{\lambda}$；

且若 $R - p - \dfrac{C}{\mu - \lambda q_{\text{fu}}(p,\beta)} > 0$，等价于 $\dfrac{1}{2} < q_{\text{fu}}(p,\beta) < 1$，也等价于 $p < \bar{p}_{\text{fu}}$。因此，

有 $q_{\text{fu}}(p,\beta) > \max\left[\dfrac{1}{2}, \dfrac{\mu - \sqrt{\mu C/(R - C/\theta)}}{\lambda}\right]$ 成立。又当 $\dfrac{\mu - \sqrt{\mu C/(R - C/\theta)}}{\lambda} < \dfrac{1}{2}$，即 $p^*(0) > \bar{p}_{\text{fu}}$ 时，可满足 $\dfrac{1}{2} < q_{\text{fu}}(p,\beta) < 1$，故 $p < \bar{p}_{\text{fu}}$ 且 $p^*(0) > \bar{p}_{\text{fu}}$ 时，社会福利 $\text{SW}_{\text{fu}}(p,\beta)$ 是有限理性水平 β 的增函数。

② 当 $R - \dfrac{C\mu}{[\mu - \lambda q_{\text{fu}}(p,\beta)]^2} - \dfrac{C}{\theta} \geq 0$ 时，有 $q_{\text{fu}}(p,\beta) \leq \dfrac{\mu - \sqrt{\mu C/(R - C/\theta)}}{\lambda}$；

且若 $R - p - \dfrac{C}{\mu - \lambda q_{\text{fu}}(p,\beta)} < 0$，等价于 $0 < q_{\text{fu}}(p,\beta) < \dfrac{1}{2}$，也等价于 $p > \bar{p}_{\text{fu}}$。因此，

有 $q_{\text{fu}}(p,\beta) < \min\left[\dfrac{1}{2}, \dfrac{\mu - \sqrt{\mu C/(R - C/\theta)}}{\lambda}\right]$ 成立。又当 $\dfrac{\mu - \sqrt{\mu C/(R - C/\theta)}}{\lambda} > \dfrac{1}{2}$，即 $p^*(0) < \bar{p}_{\text{fu}}$ 时，可满足 $0 < q_{\text{fu}}(p,\beta) < \dfrac{1}{2}$，故 $p > \bar{p}_{\text{fu}}$ 且 $p^*(0) \leq \bar{p}_{\text{fu}}$ 时，社会福利 $\text{SW}_{\text{fu}}(p,\beta)$ 是有限理性水平 β 的增函数。

整理可得，若 $[p^*(0) - \bar{p}_{\text{fu}}][p - \bar{p}_{\text{fu}}] \leq 0$ 且 $p \neq \bar{p}_{\text{fu}}$，社会福利 $\text{SW}_{\text{fu}}(p,\beta)$ 在 $\beta \geq 0$ 时严格递增。

（3）当 $\dfrac{\partial \mathrm{SW}_{\mathrm{fu}}(p,\beta)}{\partial \beta} < 0$ 时，须满足以下两个条件之一：

① $R - \dfrac{C\mu}{[\mu - \lambda q_{\mathrm{fu}}(p,\beta)]^2} - \dfrac{C}{\theta} < 0$ 且 $R - p - \dfrac{C}{\mu - \lambda q_{\mathrm{fu}}(p,\beta)} < 0$；

② $R - \dfrac{C\mu}{[\mu - \lambda q_{\mathrm{fu}}(p,\beta)]^2} - \dfrac{C}{\theta} \geqslant 0$ 且 $R - p - \dfrac{C}{\mu - \lambda q_{\mathrm{fu}}(p,\beta)} > 0$。

由定理 6.6 知，

① 当 $R - \dfrac{C\mu}{[\mu - \lambda q_{\mathrm{fu}}(p,\beta)]^2} - \dfrac{C}{\theta} < 0$ 时，有 $q_{\mathrm{fu}}(p,\beta) > \dfrac{\mu - \sqrt{\mu C/(R - C/\theta)}}{\lambda}$；且

若 $R - p - \dfrac{C}{\mu - \lambda q_{\mathrm{fu}}(p,\beta)} < 0$，等价于 $0 < q_{\mathrm{fu}}(p,\beta) < \dfrac{1}{2}$，也等价于 $p > \bar{p}_{\mathrm{fu}}$。因此，有

$\dfrac{\mu - \sqrt{\mu C/(R - C/\theta)}}{\lambda} < q_{\mathrm{fu}}(p,\beta) < \dfrac{1}{2}$ 成立，即 $\bar{p}_{\mathrm{fu}} < R - \dfrac{C}{\mu - \lambda q_{\mathrm{fu}}(p,\beta)} < p^*(0)$，亦

即 $\bar{p}_{\mathrm{fu}} < p < p^*(0)$。

② 当 $R - \dfrac{C\mu}{[\mu - \lambda q_{\mathrm{fu}}(p,\beta)]^2} - \dfrac{C}{\theta} \geqslant 0$ 时，有 $q_{\mathrm{fu}}(p,\beta) \leqslant \dfrac{\mu - \sqrt{\mu C/(R - C/\theta)}}{\lambda}$；且

若 $R - p - \dfrac{C}{\mu - \lambda q_{\mathrm{fu}}(p,\beta)} > 0$，等价于 $\dfrac{1}{2} < q_{\mathrm{fu}}(p,\beta) < 1$，也等价于 $p < \bar{p}_{\mathrm{fu}}$。因此，有

$\dfrac{1}{2} < q_{\mathrm{fu}}(p,\beta) \leqslant \dfrac{\mu - \sqrt{\mu C/(R - C/\theta)}}{\lambda}$ 成立，即 $p^*(0) \leqslant R - \dfrac{C}{\mu - \lambda q_{\mathrm{fu}}(p,\beta)} < \bar{p}_{\mathrm{fu}}$，亦

即 $p^*(0) \leqslant p < \bar{p}_{\mathrm{fu}}$。

整理可得，若 $p \in (\min\{\bar{p}_{\mathrm{fu}}, p^*(0)\}, \max\{\bar{p}_{\mathrm{fu}}, p^*(0)\}) \cup p^*(0)$，社会福利 $\mathrm{SW}_{\mathrm{fu}}(p,\beta)$ 在 $\beta \geqslant 0$ 时严格递减。

（4）当 $q_{\mathrm{fu}}(p,\beta) = \dfrac{\mu - \sqrt{\mu C/(R - C/\theta)}}{\lambda}$ 时，$\mathrm{SW}_{\mathrm{fu}}(p,\beta)$ 取最大值，此时相应的有限理性水平为：

$$\beta_{\mathrm{SW}_{\mathrm{fu}}}(p) = \dfrac{R - p - \sqrt{\dfrac{C(R - C/\theta)}{\mu}} - \dfrac{C}{\theta}}{\ln[\mu - \sqrt{\mu C/(R - C/\theta)}]/[\lambda - \mu + \sqrt{\mu C/(R - C/\theta)}]}.$$

① 当 $\dfrac{\mu - \sqrt{\mu C/(R - C/\theta)}}{\lambda} > \dfrac{1}{2}$，即 $p^*(0) < \bar{p}_{\text{fu}}$ 时，$p < p^*(0)$，$R - p -$

$\dfrac{C}{\mu - \lambda q_{\text{fu}}(p,\beta)} > 0$。当 $\beta \in (0, \beta_{\text{SW}_{\text{fu}}}(p))$ 时，$q_{\text{fu}}(p,\beta) \in \left[\dfrac{\mu - \sqrt{\mu C/(R - C/\theta)}}{\lambda}, 1 \right]$，

有 $R - \dfrac{C\mu}{[\mu - \lambda q_{\text{fu}}(p,\beta)]^2} - \dfrac{C}{\theta} > 0$，社会福利 $\text{SW}_{\text{fu}}(p,\beta)$ 是有限理性水平 β 的增函数；

当 $\beta \in [\beta_{\text{SW}_{\text{fu}}}(p), \infty]$ 时，$q_{\text{fu}}(p,\beta) \in \left[\dfrac{1}{2}, \dfrac{\mu - \sqrt{\mu C/(R - C/\theta)}}{\lambda} \right]$，即 $R -$

$\dfrac{C\mu}{[\mu - \lambda q_{\text{fu}}(p,\beta)]^2} - \dfrac{C}{\theta} < 0$，社会福利 $\text{SW}_{\text{fu}}(p,\beta)$ 是有限理性水平 β 的减函数。

② 当 $\dfrac{\mu - \sqrt{\mu C/(R - C/\theta)}}{\lambda} < \dfrac{1}{2}$，即 $p^*(0) > \bar{p}_{\text{fu}}$ 时，$p > p^*(0)$，$R - p -$

$\dfrac{C}{\mu - \lambda q_{\text{fu}}(p,\beta)} < 0$。当 $\beta \in [0, \beta_{\text{SW}_{\text{fu}}}(p)]$ 时，有 $q_{\text{fu}}(p,\beta) \in \left[0, \dfrac{\mu - \sqrt{\mu C/(R - C/\theta)}}{\lambda} \right]$，

即 $R - \dfrac{C\mu}{[\mu - \lambda q_{\text{fu}}(p,\beta)]^2} - \dfrac{C}{\theta} > 0$，社会福利 $\text{SW}_{\text{fu}}(p,\beta)$ 是有限理性水平 β 的增函

数；当 $\beta \in [\beta_{\text{SW}_{\text{fu}}}(p), \infty]$ 时，$q_{\text{fu}}(p,\beta) \in \left[\dfrac{\mu - \sqrt{\mu C/(R - C/\theta)}}{\lambda}, \dfrac{1}{2} \right]$，即 $R -$

$\dfrac{C\mu}{[\mu - \lambda q_{\text{fu}}(p,\beta)]^2} - \dfrac{C}{\theta} < 0$，社会福利 $\text{SW}_{\text{fu}}(p,\beta)$ 是有限理性水平 β 的减函数。

整理可得，若 $[p^*(0) - \bar{p}_{\text{fu}}][p - p^*(0)] > 0$，社会福利 $\text{SW}_{\text{fu}}(p,\beta)$ 在 $[0,$ $\beta_{\text{SW}_{\text{fu}}}(p)]$ 内严格递增，在 $[\beta_{\text{SW}_{\text{fu}}}(p), \infty]$ 内严格递减。

证毕。

图 6.4 基于 $p^*(0)$ 和 $\bar{p}$ 说明此定理的各种情况。

定理 6.9 （1）如果 $R > \dfrac{C\mu}{[\mu - \lambda q_{\text{fu}}(p, \beta)]^2} + \dfrac{C}{\theta}$，当 $\beta \in [0, \beta\text{SW}_{\text{fu}}(0)]$ 时，

其中，$\beta(0) = \left[R - \sqrt{\dfrac{C(R - C/\theta)}{\mu}} - \dfrac{C}{\theta} \right] \Big/ \ln\left\{ \dfrac{\mu - \sqrt{\mu C/[(R - C/\theta)]}}{\lambda - \mu + \sqrt{\mu C/(R - C/\theta)}} \right\}$ 时，社

会福利最大化的价格为 $p = p^*_{\text{SW}_{\text{fu}}}$，$p^*_{\text{SW}_{\text{fu}}}$ 关于 β 严格递减，最优社会福利为

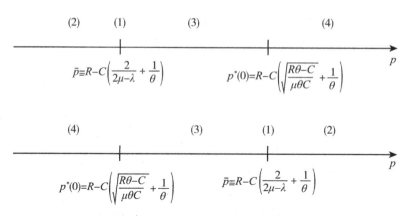

图 6.4　定理 6.8 各种情况说明

$SW_{fu}(p^*_{SW_{fu}}, \beta) = R\mu - R\sqrt{\mu C / \left(R - \dfrac{C}{\theta}\right)} - \sqrt{\mu C\left(R - \dfrac{C}{\theta}\right)} + C$；当 $\beta \geqslant \beta SW_{fu}(0)$ 时，社会福利最大化的价格为 $p = 0$，最优社会福利为 $SW_{fu}(0, \beta)$。

（2）如果 $R \leqslant \dfrac{C\mu}{[\mu - \lambda q_{fu}(p, \beta)]^2} + \dfrac{C}{\theta}$，社会福利最大化的价格为 $p = p^*_{SW_{fu}}$，$p^*_{SW_{fu}}$ 关于 β 严格递增，最优社会福利为 $SW_{fu}(p^*_{SW_{fu}}, \beta) = R\mu - R\sqrt{\mu C / \left(R - \dfrac{C}{\theta}\right)} - \sqrt{\mu C\left(R - \dfrac{C}{\theta}\right)} + C$。

证明　（1）当 $q^*_{SW_{fu}} > \dfrac{1}{2}$ 时，有 $R > \dfrac{C\mu}{[\mu - \lambda q_{fu}(p, \beta)]^2} + \dfrac{C}{\theta}$。此时，$p^*_{SW_{fu}}$ 关于 β 严格递减，社会福利 $SW_{fu}[q_{fu}(p, \beta)]$ 为价格 p 的减函数。故当 $p^*_{SW_{fu}} > 0$，即 $\beta < \beta(0) = \left[R - \sqrt{\dfrac{C(R - C/\theta)}{\mu}} - \dfrac{C}{\theta}\right] \bigg/ \ln\left\{\dfrac{\mu - \sqrt{\mu C / [(R - C/\theta)]}}{\lambda - \mu + \sqrt{\mu C / (R - C/\theta)}}\right\}$ 时，社会福利最大化的价格为 $p = p^*_{SW_{fu}}$，最优社会福利为 $SW_{fu}(p^*_{SW_{fu}}, \beta) = R\mu - R\sqrt{\mu C\left(R - \dfrac{C}{\theta}\right)} - \sqrt{\mu C\left(R - \dfrac{C}{\theta}\right)} + C$；当 $p^*_{SW_{fu}} \leqslant 0$，即 $\beta \geqslant \beta(0)$ 时，社会福利最大化的价格为 $p = 0$，最优社会福利为 $SW_{fu}(0, \beta)$。

（2）当 $q^*_{SW_{fu}} \leq \dfrac{1}{2}$ 时，有 $R \leq \dfrac{C\mu}{[\mu - \lambda q_{fu}(p, \beta)]^2} + \dfrac{C}{\theta}$。此时，$p^*_{SW_{fu}}$ 为 β 的增函数，$p^*_{SW_{fu}} > 0$，社会福利 $SW_{fu}[q_{fu}(p, \beta)]$ 为价格 p 的增函数。此时，社会福利最大化的价格为 $p = p^*_{SW_{fu}}$，最优社会福利为 $SW_{fu}(p^*_{SW_{fu}}, \beta) = R\mu - R\sqrt{\mu C / \left(R - \dfrac{C}{\theta}\right)} - \sqrt{\mu C\left(R - \dfrac{C}{\theta}\right)} + C$。

证毕。

6.4　小　　结

本章在几乎不可见和完全不可见情况下，分析多重休假 $M/M/1$ 排队系统中的有限理性顾客均衡策略、机构利润与社会福利。理论分析表明，在此两种信息水平下，顾客的均衡策略存在且唯一；存在唯一最优价格，使得机构利润最大化；当顾客完全有限理性时，社会福利收敛至一个固定值，而机构利润是价格 p 的增函数，服务机构可以提高服务价格，从而获取更高利润；顾客均衡策略、机构利润和社会福利是休假时间参数的增函数，说明随着休假时间缩短，顾客更愿意加入系统，机构可以获得更多利润，社会福利也会提高。此外，在完全不可见情况下，机构最优利润关于顾客有限理性水平的变化规律与顾客均衡策略关于顾客有限理性水平的变化规律一致；社会福利关于顾客有限理性水平的变化规律依赖服务价格，是顾客有限理性水平的单峰函数；存在一个固定有限理性水平，使得机构利润和社会福利同时最大化。

第7章 结论与展望

7.1 结 论

本书从顾客角度和社会最优化角度,分析了 N-策略工作休假排队系统、伯努利休假中断排队系统和有异质信息顾客的 N-策略休假排队系统中的顾客策略,对实际中的决策问题有较大的指导意义。主要结论如下:

(1) 在 N-策略工作休假排队中,得到了完全可见、几乎可见和几乎不可见情况下的顾客均衡策略,并通过数值算例,分析了系统的各个参数对社会最优策略及社会最优福利的影响。研究发现,若顾客服务期间单位时间收益 v 固定,减小转换门限 N,或者提高休假期间的服务率 μ_1,或者减小正常工作状态服务率 μ_1(增大正常工作状态的负载 ρ_1)可以提高最优社会福利。

(2) 在单服务台马尔可夫工作休假和伯努利休假中断排队系统中,在三种不同信息水平下,求得了顾客在不同信息水平下的均衡策略,并通过数值算例,分析了系统的各个参数对顾客均衡策略、社会最优策略及社会最优福利的影响。结果表明,顾客均衡策略总是不小于社会最优策略,顾客获得更多的系统信息可以提高社会最优福利。对于社会管理者来说,可以通过引导顾客的加入策略或者给顾客提供更多的系统信息来提高社会最优福利。

(3) 在有异质信息顾客的 N-策略休假排队系统中,在第二类顾客到达系统时只知道系统中顾客数、只知道服务台工作状态和既不知道系统中顾客数又不知道服务台工作状态的情况下,求得了系统的稳态分布,建立了顾客收益函数和社会福利函数,通过数值算例分析了两类顾客的均衡策略和社会最优策略。结果表明,当系统

144

中存在两类顾客时，增大第一类顾客的比例，减小转换门限 N，或者提高顾客接受服务期间单位时间收益 ν 可以提高社会最优福利。

(4) 在多重休假 $M/M/1$ 排队系统中，在几乎不可见和完全不可见两种信息水平下，顾客的均衡策略存在且唯一；存在唯一最优价格，使得机构利润最大化；当顾客完全有限理性时，机构利润与社会福利收敛至一个固定值。此外，在几乎不可见情况下，数值分析结果表明，社会福利关于顾客有限理性水平的变化规律与顾客在 0 状态加入系统的均衡概率相关。而在完全不可见情况下，机构最优利润关于顾客有限理性水平的变化规律与顾客均衡策略关于顾客有限理性水平的变化规律一致；社会福利关于顾客有限理性水平的变化规律依赖服务价格，是顾客有限理性水平的单峰函数。在顾客完全有限理性时，服务机构可以提高服务价格，从而获取更高利润。

7.2 研究展望

(1) 在本书的研究中，所有顾客都是风险中立的，顾客的收益函数可以用线性"收益 - 成本"结构描述。而在实际中，由于顾客来到系统后等待时间的不确定性，顾客对于不确定性带来的风险的态度和倾向不同，会存在"风险厌恶"或者"风险偏好"的情况，用简单的线性"收益 - 成本"结构描述顾客收益就不再恰当。在将来的研究中，可以考虑到顾客的风险偏好对顾客策略的影响。

(2) 本书的研究中，顾客根据已有的系统信息推测加入系统后的期望等待时间，进而决定是否加入系统。一旦加入排队系统，服务完成后才会离开，即使在系统中的实际等待时间超出了预期。在实际中，顾客即使加入排队系统，在接受服务前仍然可以离开，离开后还可以选择重新加入系统。因此，在将来的研究中，可以考虑"食言(renege)"顾客对顾客策略的影响。

(3) 本书的研究中，系统的参数如顾客到达率、服务提供者的服务率是精确已知的。在实际中，顾客的到达过程和服务提供者的服务过程有可能不精确服从某个分布，顾客只能基于以前的经验或者接受完服务的顾客提供的信息来推测自己加入后的等待时间，进而决定是否加入系统。但是顾客以前的经验和接受完服务的顾客提供的信息受主观感受影响较大，因此，在将来的研究中可以考虑系统参数不确定情况下的顾客策略与社会福利。

参 考 文 献

［1］Allon G, Bassamboo A. The impact of delaying the delay announcements［J］. Operations Research, 2011, 59(5): 1198-1210.

［2］Ariely D. The end of rational economics［J］. Harvard Business Review, 2009, 87: 78-84.

［3］Avishai M, Cilovi P, Yulia T. On fair routing from emergency departments to hospital wards: QED queues with heterogeneous servers［J］. Management Science, 2012, 58 (7): 1273-1291.

［4］Bayraktar E, Horst U, Sircar R. Chapter 15: queueing theoretic Approaches to financial price fluctuations. Financial Engineering［M］. Amsterdam: Elsevier, 2007: 637-677.

［5］Bell C E, Allen D. Optimal planning of an emergency ambulance service［J］. Socio-Economic Planning Sciences, 1969, 3(2): 95-101.

［6］Burnetas A, Economou A. Equilibrium customer strategies in a single server Markovian queue with setup times［J］. Queueing Systems, 2007, 56(3-4): 213-228.

［7］Canbolat P. Bounded rationality in clearing service systems［J］. European Journal of Operational Research, 2020, 282(2): 614-626.

［8］Chen P, Zhou W, Zhou Y. Equilibrium customer strategies in the queue with threshold policy and setup times［J］. Mathematical Problems in Engineering, 2015.

［9］Chen P, Zhou Y. Equilibrium balking strategies in the single server queue with setup times and breakdowns［J］. Operational Research, 2015, 15(2): 213-231.

［10］Clerc M. Particle Swarm Optimization［M］. London: ISTE Publishing Company,

2006.

[11] Cui S, Veeraraghavan S. Blind queues: the impact of consumer beliefs on revenues and congestion[J]. Management Science, 2016, 62(12): 3656-3672.

[12] Debo L, Veeraraghavan S. Equilibrium in queues under unknown service times and service value[J]. Operations Research, 2014, 62(1): 38-57.

[13] Economou A, G'omez-Corral A, Kanta S. Optimal balking strategies in single server queues with general service and vacation times[J]. Performance Evaluation, 2011, 68(10): 967-982.

[14] Economou A, Kanta S. Equilibrium balking strategies in the observable single server queue with breakdowns and repairs[J]. Operations Research Letters, 2008, 36(6): 696-699.

[15] Edelson N, Hilderbrand D. Congestion tolls for poisson queuing processes[J]. Econometrica, 1975, 43(1): 81-92.

[16] Fudenberg D, Tirole J. Game theory[M]. Mit Press Book, 1991.

[17] Guo P, Sun W, Wang Y. Equilibrium and optimal strategies to join a queue with partial information on service times[J]. European Journal of Operational Research, 2011, 214(2): 284-297.

[18] Guo P, Zipkin P. Analysis and comparison of queues with different levels of delay information[J]. Management Science, 2007, 53(6): 962-970.

[19] Guo P, Zipkin P. The effects of information on a queue with balking and phase-type service times[J]. Naval Research Logistics, 2008, 55(5): 406-411.

[20] Guo P, Zipkin P. The effects of the availability of waiting-time information on a balking queue[J]. European Journal of Operational Research, 2009, 198(1): 199-209.

[21] Guo P, Zipkin P. The impacts of customers' delay-risk sensitivities on a queue with balking[J]. Probability in the Engineering and Information Science, 2009, 23(3): 409-432.

[22] Hassin R, Roet-Green R. The impact of inspection cost on equilibrium, revenue, and

social welfare in a single-server queue[J]. Operations Research, 2017, 65(3):
804-820.

[23]Gao S, Dong H, Wang X. Equilibrium and pricing analysis for an unreliable retrial
queue with limited idle period and single vacation[J]. Operational Research, 2021
(1): 645-646.

[24]Gao S, Liu Z. An M/G/1 queue with single working vacation and vacation
interruption under Bernoulli schedule[J]. Applied Mathematical Modelling, 2013,
37(3): 1564-1579.

[25]Gao S, Wang J. Equilibrium balking strategies in the observable Geo/Geo/1 queue
with delayed multiple vacations[J]. RAIRO -Operations Research, 2016, 50(1):
119-129.

[26]Green L, Savin S. Reducing delays for medical appointments: A queueing approach
[J]. Management Science, 2008, 56(6): 1526-1638.

[27]Guo P, Hassin R. Strategic behavior and social optimization in Markovian vacation
queues[J]. Operations Research, 2011, 59: 986-997.

[28]Guo P, Hassin R. Strategic behavior and social optimization in Markovian vacation
queues: the case of heterogeneous customers[J]. European Journal of Operational
Reseach, 2012, 222: 278-286.

[29] Guo P, Li Q. Strategic behavior and social optimization in partially-observable
Markovian vacation queues[J]. Operations Research Letters, 2013, 41: 15-24.

[30]Hassin R, Haviv M. To queue or not to queue: equilibrium behavior in queueing
systems[M]. Boston, Kluwer Academic Publishers, 2003.

[31]Hassin R. Rational Queueing[M]. Florida: CRC Press, 2016.

[32]Hassin R. Consumer information in markets with random product quality: The case of
queues and balking[J]. Econometrica, 1986, 54(5): 1185-1195.

[33]Hu M, Li Y, Wang J. Efficient ignorance: information heterogeneity in a queue[J].
Management Science, 2017.

[34] Huang T, Chen Y. Service systems with experience-based anecdotal reasoning

customers[J]. Production & Operations Management, 2015, 24(5): 778-790.

[35] Huang T, Allon G, Bassamboo A. Bounded rationality in service systems [J]. Manufacturing & Service Operations Management, 2013, 15(2): 263-279.

[36] Huang T, Liu Q. Strategic capacity management when customers have boundedly rational expectations[J]. Production and Operations Management, 2015, 24(12): 1852-1869.

[37] Jiang B, Yang B. Quality and pricing decisions in a market with consumer information sharing[J]. Management Science, 2019, 65(1): 272-285.

[38] Kao E, Tung G. Bed allocation in a public health care delivery system [J]. Management Science, 1981, 27(5): 507-520.

[39] Ke J, Wu C, Pearn W. Analysis of an infinite multi-server queue with an optional service[J]. Computers & Industrial Engineering, 2013, 65(2): 216-225.

[40] Keshtgary M, Mohammadi R, Mahmoudi M, et al. Energy consumption estimation in cluster based underwater wireless sensor networks using M/M/1 queuing model[J]. International Journal of Computer Applications, 2012, 43(24): 1-5.

[41] Krishnamoorthy A, Joshua AN, Kozyrev D. Analysis of a batch arrival, batch service queuing-inventory system with processing of inventory while on vacation [J]. Mathematics, 2021.

[42] Kumar L, Sharma V, Singh A. Feasibility and modelling for convergence of optical-wireless network-A review [J]. AEU-International Journal of Electronics and Communications, 2017, 80: 144-156.

[43] Lee D. Equilibrium balking strategies in Markovian queues with a single working vacation and vacation interruption [J]. Quality Technology & Quantitative Management, 2018: 1-22.

[44] Levy Y, Yechiali U. Utilization of idle time in an M/G/1queueing system [J]. Management Science, 1975, 22(2): 202-211.

[45] Li K, Wang J, Ren Y, Chang J. Equilibrium joining strategies in M/M/1 Queues with working vacation and vacation interruptions[J]. RAIRO -Operations Research,

2016, 50(3): 451-471.

[46] Li H, Han Z. Socially optimal queuing control in cognitive radio networks subject to service interruptions: To queue or not to queue? [J]. IEEE Transactions on Wireless Communications, 2011, 10(5): 1656-1666.

[47] Li J, Tian N. Analysis of the discrete time *Geo/Geo/*1 queue with single working vacation[J]. Quality Technology & Quantitative Management, 2016, 5(1): 77-89.

[48] Li J, Tian N. The M/M/1 queue with working vacations and vacation interruptions [J]. Journal of Systems Science and Systems Engineering, 2007, 16(1): 121-127.

[49] Li J, Tian N. The discrete-time GI/Geo/1 queue with working vacations and vacation interruption[J]. Applied Mathematics and Computation, 2007, 185(1): 1-10.

[50] Li J, Tian N, Ma Z. Performance analysis of GI/M/1 queue with working vacations and vacation interruption [J]. Applied Mathematical Modelling, 2008, 32 (12): 2715-2730.

[51] Li L, Wang J, Zhang F. Equilibrium customer strategies in Markovian queues with partial breakdowns [J]. Computers & Industrial Engineering, 2013, 66 (4): 751-757.

[52] Li X, Wang J, Zhang F. New results on equilibrium balking strategies in the single-server queue with breakdowns and repairs[J]. Applied Mathematics & Computation, 2014, 241: 380-388.

[53] Li X, Guo P, Lian Z. Price and capacity decisions of service systems with boundedly rational customers[J]. Naval Research Logistics, 2017, 64(6): 437-453.

[54] Li X, Li Q, Guo P, Lian Z. On the uniqueness and stability of equilibrium in quality-speed competition with boundedly-rational customers: the case with general reward function and multiple servers [J]. International Journal of Production Economics, 2017, 193: 726-736.

[55] Li X, Guo P, Lian Z. Quality-speed competition in customer-intensive services with boundedly rational customers[J]. Production and Operations Management, 2016, 25 (11): 1885-1901.

[56] Liu J, Wang J. Strategic joining rules in a single server Markovian queue with Bernoulli vacation[J]. Operational Research, 2017, 17(2): 413-434.

[57] Liu W, Xu X, Tian N. Stochastic decompositions in the M/M/1 queue with working vacations[J]. Operations Research Letters, 2007, 35(5): 595-600.

[58] Liu W, Ma Y, Li J. Equilibrium threshold strategies in observable queueing systems under single vacation policy[J]. Applied Mathematical Modelling, 2012, 36(12): 6186-6202.

[59] Liu Z, Ma Y, Zhang Z G. Equilibrium mixed strategies in a discrete-time Markovian queue under multiple and single vacation policies [J]. Quality Technology & Quantitative Management, 2015, 12(3): 369-382.

[60] Lu Y, Song J. Order-based cost optimization in Assemble-to-Order systems[J]. Operations Research, 2005, 53(1): 151-169.

[61] Lu Y, Song J, Yao D D. Order fill rate, lead time variability, and advance demand information in an Assemble-to-Order system[J]. Operations Research, 2003, 51(2): 292-308.

[62] Ma Y, Liu W, Li J H. Equilibrium balking behavior in the Geo/Geo/1 queueing system with multiple vacations[J]. Applied Mathematical Modelling, 2013, 37(6): 3861-3878.

[63] Naor P. The regulation of queue size by levying tolls[J]. Econometrica, 1969, 37(1): 15-24.

[64] Osborne M J, Rubinstein A. Games with procedurally rational players[J]. American Economic Review, 1998, 88(4): 834-847.

[65] Poli R, Kennedy J, Blackwell T. Particle swarm optimization: An overview[J]. Swarm Intelligence, 2007, 1: 33-57.

[66] Ren H, Huang T. Modeling customer bounded rationality in operations management: A review and research opportunities[J]. Computers & Operations Research, 2018, 91: 48-58.

[67] Restrepo M, Henderson S, Topaloglu H. Erlang loss models for the static deployment

of ambulances[J]. Health Care Management Science, 2009, 12(1): 67-79.

[68]Rushin S. The waiting games[N]. Times, 2007.

[69]Servi L, Finn S. M/M/1 queues with working vacations (M/M/1/MV) [J]. Performance Evaluation, 2002, 50(1): 41-52.

[70] Simon H A. A behavioral model of rational choice[J]. The Quarterly Journal of Economics, 1955, 69 (1): 99-118.

[71]Simon H A. Models of man: Social and rational[M]. New York: Wiley, 1957.

[72]Shimshak D, Damico D, Burden H. A priority queuing model of a hospital pharmacy unit[J]. European Journal of Operational Research, 1981, 7(4): 350-354.

[73] Singer M, Donoso P. Assessing an ambulance service with queuing theory [J]. Computers & Operations Research, 2008, 35(8): 2549-2560.

[74] Song J, Xu S, Liu B. Order-fulfillment performance measures in an Assemble to-Order system with stochastic leadtimes[J]. Operations Research, 1999, 47(1): 131-149.

[75]Song J, Yao D D. Performance analysis and optimization of Assemble-to-Ordersystems with random lead times[J]. Operations Research, 2002, 50(5): 889-903.

[76]Song J, Xiao L, Zhang H, Zipkin P. Optimal policies for a Dual-Sourcing inventory problem with endogenous stochastic lead times[J]. Operations Research, 2017, 65 (2): 379-395.

[77] Song J S, Zipkin P. Supply chain operations: Assemble-to-Order systems [J]. Handbooks in Operations Research & Management Science, 2003, 11(3): 561-596.

[78]Sun W, Xie X, Zhang Z, Li S. Customer joining strategies in Markovian queues with B-limited service rule and multiple vacations [J]. 4OR-A Quarterly Journal of Operations Research, 2023.

[79]Sun W, Tian N. Contrast of the equilibrium and socially optimal strategies in a queue with vacations [J]. Journal of Computational Information Systems, 2008, 4 (5): 2167-2172.

[80]Sun W, Li S. Customer balking strategies in an observable queue with vacations[J].

Journal of Computational Information Systems, 2012, 8(18): 7595-7605.

[81]Sun W, Li S, Tian N. Equilibrium mixed strategies of customers in an unobservable queue with multiple vacations[J]. Quality Technology & Quantitative Management, 2013, 10(4): 389-421.

[82]Sun W, Guo P, Tian N. Equilibrium threshold strategies in observable queueing systems with setup/closedown times [J]. Central European Journal of Operations Research, 2010, 18(3): 241-268.

[83]Sun W, Wang Y, Tian N. Pricing and setup/closedown policies in unobservable queues with strategic customers[J]. 4OR, 2012, 10(3): 287-311.

[84]Sun W, Li S, Cheng-Guo E. Equilibrium and optimal balking strategies of customers in Markovian queues with multiple vacations and N-policy[J]. Applied Mathematical Modelling, 2016, 40(1): 284-301.

[85]Sun W, Li S. Equilibrium and optimal behavior of customers in Markovian queues with multiple working vacations[J]. Top, 2014, 22(2): 694-715.

[86]Sun W, Li S, Li Q L. Equilibrium balking strategies of customers in Markovian queues with two-stage working vacations[J]. Applied Mathematics & Computation, 2014, 248: 195-214.

[87]Tang J, Wang Y, Dong S, et al. A feedback-retransmission based asynchronous frequency hopping MAC protocol for military aeronautical ad hoc networks [J]. Chinese Journal of Aeronautics, 2018, 31(5): 1130-1140.

[88]Tao L, Wang Z, Liu Z. The GI/M/1 queue with Bernoulli-schedule-controlled vacation and vacation interruption[J]. Applied Mathematical Modelling, 2013, 37(6): 3724-3735.

[89]Tao L, Zhang L, Xu X, Gao S. The GI/Geo/1 queue with Bernoulli-schedule controlled vacation and vacation interruption[J]. Computers & Operations Research, 2013, 40(7): 1680-1692.

[90]Tao L, Liu Z, Wang Z. The GI/M/1 queue with start-up period and single working

vacation and Bernoulli vacation interruption [J]. Applied Mathematics and Computation. 2011, 218(8): 4401-4413.

[91] Tian R, Wang Y. Optimal strategies and pricing analysis in M/M/1 queues with a single working vacation and multiple vacations [J]. RAIRO-Operations Research, 2020, 54(6): 1593-1612.

[92] Tian N, Zhang Z G. Vacation Queueing Models: Theory and Applications [M]. Springer Science & Business Media, 2006.

[93] Tian N, Li J, Zhang Z. Matrix analytic method and working vacation queues-a survey[J]. International Journal of Information & Management Sciences, 2009, 20: 603-633.

[94] Tian R, Hu L, Wu X. Equilibrium and optimal strategies in M/M/1 queues with working vacations and vacation interruptions [J]. Mathematical Problems in Engineering, 2016.

[95] Tian R, Yue D. Optimal balking strategies in a Markovian queue with a single vacation[J]. Journal of Information & Computational Science, 2012, 9 (10): 2827-2841.

[96] Tian R, Yue D, Yue W. Optimal balking strategies in an M/G/1 queueing system with a removable server under N-policy [J]. Journal of Industrial & Management Optimization, 2017, 11(3): 715-731.

[97] Wang Z, Liu Y, Fang L. Pay to activate service in vacation queues[J]. Production and Operations Management, 2022, 31(6): 2609-2627.

[98] Wang Z, Yang K, Hunter D K. Modelling and analysis of convergence of wireless sensor network and passive optical network using queueing theory [C]. IEEE, International Conference on Wireless and Mobile Computing, Networking and Communications. IEEE Computer Society, 2011: 37-42.

[99] Wang F, Wang J, Zhang Z G. Strategic behavior and social optimization in a double-ended queue with gated policy[J]. Computers & Industrial Engineering, 2017, 114:

264-173.

[100] Wang F, Wang J, Zhang F. Equilibrium customer strategies in the Geo/Geo/1 queue with single working vacation [J]. Discrete Dynamics in Nature and Society, 2014.

[101] Wang Z, Wang J. Information heterogeneity in a retrial queue: throughput and social welfare maximization[J]. Queueing Systems, 2019, 92: 131-172.

[102] Wu C, Lee W, Ke J, et al. Optimization analysis of an unreliable multi-server queue with a controllable repair policy [J]. Computers & Operations Research, 2014, 49: 83-96.

[103] Wu Y, Niu Z, Zheng J. Study of the TCP upstream/downstream unfairness issue with per-flow queuing over infrastructure-mode WLANs [J]. Wireless Communications and Mobile Computing, 2005, 5: 459-471.

[104] Yang B, Hou Z, Wu J, Liu Z. Analysis of the equilibrium strategies in the Geo/Geo/1 queue with multiple working vacations[J]. Eprint Arxiv, 2014.

[105] Yang D, Wu C. Cost-minimization analysis of a working vacation queue with N-policy and server breakdowns[J]. Computers & Industrial Engineering, 2015, 82: 151-158.

[106] Yang T, Wang J, Zhang F. Equilibrium balking strategies in the Geo/Geo/1 queues with server breakdowns and repairs [J]. Quality Technology & Quantitative Management, 2014, 11(3): 231-243.

[107] Yadin M, Naor P. Queueing systems with a removable service station[J]. Journal of Operational Research Society, 1963, 14(4): 393-405.

[108] Yu M, Alfa A S. Strategic queueing behavior for individual and social optimization in managing discrete time working vacation queue with Bernoulli interruption schedule[J]. Computers & Operations Research, 2016, 73: 43-55.

[109] Yue D, Tian R, Yue W, Qin Y. Equilibrium strategies in an M/M/1 queue with setup times and a single vacation policy[C]. International Symposium on Operations

Research and ITS Applications in Engineering, Technology and Management. IET, 2014: 1-6.

［110］Zhang Y, Yue D, Yue W. A queueing-inventory system with random order size policy and server vacations［J］. Annals of Operations Research, 2022, 310（2）: 595-620.

［111］Zhang F, Wang J. Equilibrium analysis of the observable queue with balking and delayed repairs［J］. Applied Mathematics & Computation, 2011, 218（6）: 2716-2729.

［112］Zhang F, Wang J, Liu B. Equilibrium balking strategies in Markovian queues with working vacations［J］. Applied Mathematical Modelling, 2013, 37（16）: 8264-8282.

［113］Zhang F, Wang J, Liu B. Equilibrium joining probabilities in observable queues with general service and setup times［J］. Journal of Industrial & Management Optimization, 2013, 9（4）: 901-917.

［114］Zhang M, Hou Z. Performance analysis of M/G/1 queue with working vacations and vacation interruption［J］. Journal of Computational and Applied Mathematics, 2010, 234（10）: 2977-2985.

［115］Zhang M, Hou Z. Performance analysis of MAP/G/1 queue with working vacations and vacation interruption［J］. Applied Mathematical Modelling, 2011, 35（4）: 1551-1560.

［116］Zhang Y, Wang Y. The impact of boundedly rational consumers on the strategic decision of two competing firms［J］. International Journal of Information Systems and Supply Chain Management, 2017, 10（4）: 61-79.

［117］Zhang Z, Wang J, Zhang F. Equilibrium customer strategies in the single server constant retrial queue with breakdowns and repairs［J］. Mathematical Problems in Engineering, 2014, Article ID: 379572, 14 pages, 2014.

［118］姜长云. 生活性服务业现状、问题与"十四五"时期发展对策［J］. 经济纵横,

2020(5)：87-99.

[119]李继红. 工作休假排队系统的稳态理论及应用[D]. 燕山大学博士学位论文，2008.

[120]李继红. 结构矩阵方法与工作休假排队[M]. 北京：科学出版社，2016.

[121]李丽，牛奔. 粒子群优化算法[M]. 北京：冶金工业出版社，2009.

[122]罗海军，朱翼隽. 带有负顾客的 N-策略工作休假 M/M/1 排队[J]. 运筹与管理，2010，19(1)：100-105.

[123]萨缪尔森，诺德豪斯. 微观经济学[M]. 北京：人民邮电出版社，2012.

[124]沈显君. 自适应粒子群优化算法及其应用[M]. 北京：清华大学出版社，2015.

[125]孙微，王豪，李世勇. 部分服务员休假的 M/M/c 排队系统中的顾客行为及定价策略研究[J]. 系统工程理论与实践，2022，42(3)：767-777.

[126]唐应辉. 延迟 N-策略 M/G/1 排队系统队长的瞬态和稳态分布[J]. 系统工程理论与实践，2007，33(10)：2596-2603.

[127]唐应辉，蒲会，余纱妙. 带启动时间的 N-策略 M/G/1 排队系统的队长[J]. 系统工程理论与实践，2011，31(1)：131-137.

[128]唐应辉，朱亚丽，吴文青. 修理设备可更换的 N-策略 M/G/1 可修排队系统分析[J]. 系统工程理论与实践，2014，34(3)：746-755.

[129]唐应辉，吴文青，刘云颇，刘晓云. 基于多重休假的 min(N，V)-策略 M/G/1 排队系统的队长分布[J]. 系统工程理论与实践，2014，34(6)：1533-1546.

[130]田乃硕，岳德权. 拟生灭过程与矩阵几何解[M]. 北京：科学出版社，2002：1-87

[131]王金亭，排队博弈论基础[M]. 北京：科学出版社，2016.

[132]夏杰长. 迈向"十四五"的中国服务业：趋势预判、关键突破与政策思路[J]. 北京工商大学学报(社会科学版)，2020，35(4)：1-10.

[133]杨顺利，田乃硕. N-策略工作休假 M/M/1 排队[J]. 运筹与管理，2007，16(4)：50-55.

[134]中国运筹学会. 中国运筹学发展研究报告[J]. 运筹学学报，2012，16(3)：

1-48.

［135］张玉英, 岳德权. 基于服务员休假和等待销售的易逝品排队库存系统的稳态分析［J］. 系统工程理论与实践, 2021, 41（6）: 1556-1569.

［136］张维迎. 博弈论与信息经济学［M］. 上海: 上海人民出版社, 2013.

［137］张钰. 基于完全理性和有限理性的若干排队博弈分析［D］. 北京: 北京交通大学, 2018.